Malte Behrmann

In der Innovationsfalle

Überlegungen zu einer zukunftsfähigen
Innovationsförderung

Malte Behrmann

IN DER INNOVATIONSFALLE
Überlegungen zu einer zukunftsfähigen Innovationsförderung

ibidem-Verlag
Stuttgart

Bibliografische Information der Deutschen Nationalbibliothek
Die Deutsche Nationalbibliothek verzeichnet diese Publikation in der Deutschen Nationalbibliografie; detaillierte bibliografische Daten sind im Internet über http://dnb.d-nb.de abrufbar.

Bibliographic information published by the Deutsche Nationalbibliothek
Die Deutsche Nationalbibliothek lists this publication in the Deutsche Nationalbibliografie; detailed bibliographic data are available in the Internet at http://dnb.d-nb.de.

Gedruckt auf alterungsbeständigem, säurefreien Papier
Printed on acid-free paper

ISBN-13: 978-3-8382-1139-8

© *ibidem*-Verlag
Stuttgart 2017

Alle Rechte vorbehalten

Printed in the EU

INHALT

STANDARDEINSTELLUNG

Die Welt verändert sich – und diese Veränderungen verunsichern viele von uns. Tatsächlich haben wir es in Deutschland mit einer seltsamen Situation zu tun. Über viele Jahre waren wir Exportweltmeister, und nun erwirtschaften wir sogar einen Steuerüberschuss im Bund. Kurzum: Unsere Wirtschaft brummt. Und dennoch entsteht bei vielen das Gefühl, dass es auf Dauer so nicht weitergehen wird.

Denn wir haben in Deutschland angesichts der Herausforderungen des digitalen Zeitalters ein großes Innovationsproblem. Es gelingt uns nicht in ausreichendem Maße, Antworten auf die drastischen Veränderungen in unserer Welt zu finden. Die Herausforderungen hängen mit der Digitalisierung unserer Gesellschaft zusammen, aber auch mit der Innovationskraft unserer Unternehmer. In einer neuen, netzwerkgesteuerten Gesellschaft nimmt der Konsument viele Dinge selbst in die Hand. Zugleich versammeln sich in unserem Innovationssystem traditionelle Kräfte, die das Neue nicht in ausreichendem Maße zulassen; oft unterstützen sie nur scheinbar Neues. Die Mittel, die hierzulande zur Innovationsförderung ausgeschüttet werden, kommen kaum bei echten Innovatoren oder Existenzgründern an.

Das Phänomen der Digitalisierung greift Raum in unserer Gesellschaft. Es wirkt sich in einer gesellschaftlichen Orientierungslosigkeit aus. Neue politische Kräfte suchen nach einfachen Antworten auf komplizierte Fragen und brechen damit alte Tabus. Unsere Unternehmen sind alt, und neue Unternehmen scheinen kaum zu entstehen. Wir suchen, so könnte man fast denken, die Lösung für die Zukunft in der Vergangenheit. Wir hoffen, dass Stabilität und ein „Weiter so" unsere Zukunft sichern werden. Aber ganz sicher sind wir uns nicht. Gleichzeitig ist uns bewusst, dass sich etwas ändern muss. Nur was und wie – davon haben wir noch keine genaue Vorstellung. So halten wir vorläufig an traditionellen Strukturen fest, weil wir unsicher sind, ob uns Veränderungen vorwärtsbringen werden. *Policy by default* – die Standardeinstellung (am Rechner) gewinnt.

Ein starkes Indiz für die mangelnde Innovationsfähigkeit in Deutschland sind die seit Jahren rückläufigen Gründerzahlen[1], wie aus Abbildung 1 zu ersehen. Die sinkenden Existenzgründungen sind kein Zufall: Die Möglichkeiten für Einzelpersonen, Ideen selbst in die Hand zu nehmen und umzusetzen, sind sehr begrenzt – viel begrenzter, als manche annehmen. Hier müssen wir besser werden, wenn wir eine Chance haben wollen, den von unseren Eltern und Großeltern erarbeiteten und von unserer Generation zumindest gehaltenen Wohlstand aufrechtzuerhalten.

Gründerquote in Prozent

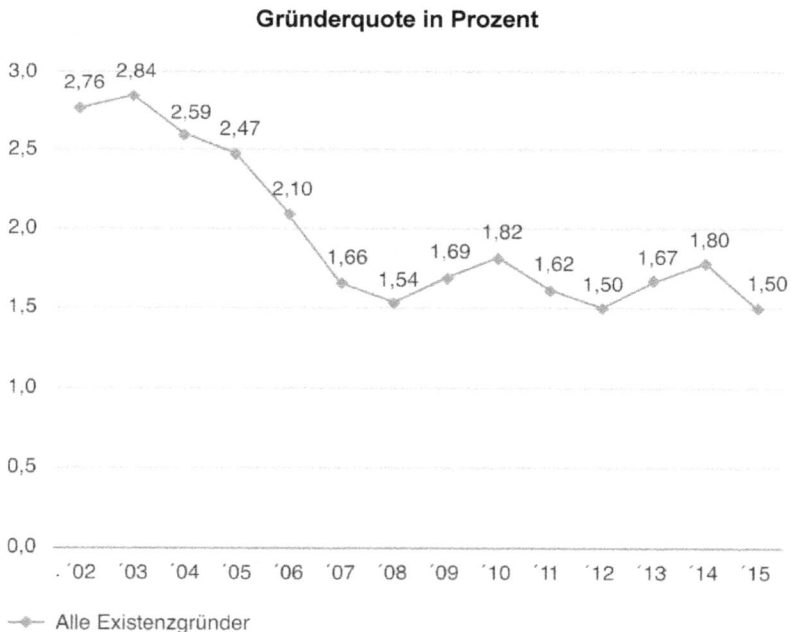

—◆— Alle Existenzgründer

Quelle: KfW Research (2016): KfW-Gründungsmonitor 2016, S. 3.

Dieses Buch ist ein ganz persönlicher Text und das Ergebnis eines jahrelangen Prozesses. Erste Pläne zu diesem Buch reichen bis 2009 zurück. Die Themen, die dieser Text anspricht, betreffen uns alle, nicht nur die wissenschaftliche oder digitale Elite. Deswegen war es für mich wichtig, dass ein gedrucktes Buch in einer verständlichen Sprache entsteht, das sich an Leser auf beiden Seiten des Flusses richtet, an digitale Immigranten und *digital natives*.

Dabei stellt dieses Buch meine Wertvorstellungen und persönlichen Überlegungen in den Vordergrund. Hier wird nicht der Illusion der Objektivität Vorschub geleistet – nein, dieses Buch enthält Meinungen. Meinungen, über die man streiten kann. Zugleich habe ich versucht zu ergründen, wie ich zu diesen Meinungen gekommen bin. Deswegen enthält dieses Buch immer wieder Bezüge auf mein Leben.

Das Ergebnis ist ein Versuch; im Französischen heißt ein Versuch „*Essai*". Mit der Anordnung des Materials versuche ich, einen ganz persönlichen Zugang zu geben. Ich habe deshalb jedem Kapitel eine persönliche Geschichte vorangestellt. Auf diese Weise wird mein Anliegen vielleicht verständlicher; zumindest erklärt es, warum ich es gerne teilen möchte. Zu einer Diskussion darüber soll dieses Buch anregen, ja provozieren. Es versteht sich als Streitschrift, die sich aus Sicht eines Betroffenen mit potenziellen Fehlentwicklungen der Innovationspolitik in Deutschland und Europa befasst.

Natürlich sind die Themen, mit denen ich mich in den folgenden Kapiteln auseinandersetzen werde, auch für die europäische Diskussion von Bedeutung, aber sie sind aus meiner persönlichen Perspektive – einer deutschen Perspektive – am authentischsten nachvollziehbar. Und obschon ich mich als Europäer verstehen möchte, können wir in Europa die Nationalstaaten bis auf Weiteres nicht komplett abschaffen. Der Nationalstaat hat noch immer Bedeutung, und er hat als Kultur- und Informationsraum bzw. als Kulturwirtschaftsraum einen nicht zu unterschätzenden Stellenwert. Ich unterrichte seit einigen Jahren interkulturelle Kommunikation an der Hochschule, und mir fällt immer wieder auf, wie wichtig es ist, Interkulturalität deutlich zu diskutieren, aber eben auch die Grenzen der Interkulturalität zu verstehen; „Kulturen sind keine Container"[2], sagt zwar Jürgen Bolten in Auseinandersetzung mit Ulrich Beck, aber sie werden wohl auf absehbare Zeit bestehen bleiben.

Wir haben in Deutschland eine bestimmte Kultur – eine eigene Wirt-
schafts-, Bildungs- und Innovationskultur –, die uns von anderen europäischen Ländern und ihren unterschiedlichen kulturellen Prägun-
gen unterscheidet. Wir möchten politisch – was durchaus sinnvoll ist
– mit anderen europäischen Ländern so stark wie möglich gleichlau-
fen; Fachleute sprechen von einer Harmonisierung der Regeln in den
verschiedenen europäischen Ländern. Und dafür sind wir sogar bereit, große Teile unserer eigenen geschriebenen und vor allem auch
ungeschriebenen Regeln sowie das Reinheitsgebot für Bier für Importeure zu opfern. Aber das ändert nichts daran, dass wir eine bestimmte
Art und Weise haben, Dinge anzugehen und zu erledigen. Letztlich
ist das ein kulturelles Phänomen. Ein interessantes Beispiel ist, dass in
Deutschland wiederkehrende Bankgeschäfte im Wesentlichen mit
Lastschriftverfahren abgewickelt werden. Jeder Deutsche gibt seine
Kontonummer an eine relativ große Gruppe von Personen und Institutionen weiter, die dann Abbuchungen von diesem Konto vorneh-
men können. In anderen Ländern werden lieber Schecks verschickt,
weil man sich nicht in dem Maße vertraut. Eine stärkere Vereinheitlichung innerhalb der Europäischen Union – denken wir beispielsweise
an den Bologna-Prozess im Hochschulbereich – hat sicherlich viele
Vorteile. Ganz unproblematisch ist sie trotzdem nicht.

Natürlich geht es auch um unsere deutsche Kultur und unsere deutsche Identität. Aber die deutsche Identität, wie ich sie verstehe, hat
mit dem Land zu tun, das sich selbst in großen Veränderungen befindet. Mit einfachen Antworten können wir die komplizierten Fragen
nicht lösen.

Die mit diesem Buch aufgeworfenen Fragen fallen aus dem klassischen politischen Rechts-Links-Schema heraus. Für Innovationen interessieren sich Politiker aller Parteien, und in jedenfalls allen mir be-
kannten Parteien gibt es Traditionalisten. Bei den Grünen gibt es digitale Politiker ebenso wie die „Strick-Fraktion". Die Union hat, was digitale Politiker betrifft, enorm aufgeholt; sowohl in der CDU als auch
in der CSU habe ich sehr offene und innovationsorientierte Menschen

kennengelernt. Dasselbe gilt für die SPD. Auch hier gibt es Moderni-
sierer und Traditionalisten. Und ebenso sieht es bei Linkspartei und
FDP aus.

Trotzdem unterliegen viele der Versuchung, die hier aufgeworfenen
Fragen einem politischen Spektrum zuzuordnen. Ich möchte dem ent-
gegentreten. Politische Fragen können in der heutigen Zeit selten nach
klassischen Mustern beantwortet werden, weil sich so grundsätzliche
Veränderungen ergeben und viele Mühe haben, den Überblick zu behalten.

Wie schon erwähnt, werden Sie, liebe Leserinnen und Leser, auf den
folgenden Seiten ganz persönliche Einblicke erhalten. Deshalb sollen
Sie zunächst etwas über mich erfahren. Ich bin 1971 in München geboren und in Starnberg, einem kleinen Ort südlich von München, aufgewachsen. Mein Vater war Sozialwissenschaftler, meine Mutter
Schauspielerin. Ich habe in der Gymnasialzeit ein Auslandsjahr in einem US-amerikanischen Internat verbracht. Nach dem Abitur bin ich
nach Bonn gegangen und habe Jura studiert und mich hochschulpoli-
tisch betätigt. Später habe ich als studentischer Mitarbeiter im Deutschen Bundestag gearbeitet. Danach bin ich nach München zurückgekehrt und habe meine Staatsexamina abgelegt. Zwischenzeitlich habe
ich in Frankreich im Aufbaustudium audiovisuelles Management studiert. Nach dem Referendariat habe ich in Südkorea für ein Anima-
tionsunternehmen gearbeitet, bei dem ich im Wesentlichen Verträge
von europäischen Auftraggebern für die Herstellung von Animati-
onsserien für das Fernsehen betreute. Nach dem Zusammenbruch des
neuen Marktes – ich war mittlerweile in Berlin – habe ich angefangen,
mich mit der Gründung eines Bundesverbands der Computerspiel-
Entwickler zu beschäftigen. Dabei habe ich nach einigen Anfangser-
folgen vor allem die politische Kommunikation organisiert – der Verband entstand um mich herum, quasi wie von alleine. Ich agierte dort
als Geschäftsführer und letztlich als politischer Aktivist und Rechtsanwalt. Meine Themen waren vor allem die kulturelle Anerkennung
und öffentliche Förderung der Entwicklung von Computerspielen.
Ab 2004 war ich in zunehmendem Maße auf europäischer Ebene aktiv

und habe in diesem Zusammenhang zahlreiche Forschungsprojekte durchgeführt. 2013 bin ich in Berlin Hochschullehrer geworden. Heute betreue ich an der bbw Hochschule die Fachbereiche Wirtschaftskommunikation und *creative industry management* und arbeite weiterhin als Anwalt mit kleinen, kreativen Unternehmen und Gründern.

INNOVATIONEN

Einer der bedeutendsten Innovatoren Europas war Leonardo da Vinci. Leonardo war ein uneheliches Kind. Als Bastard durfte er zu da Vincis Zeiten weder eine Schule noch eine Universität besuchen. Deswegen wurde Leonardo zunächst Künstler und ging bei einem Maler in die Lehre. Seine Schulbildung erhielt er von seinem Großvater. Dazu war Leonardo da Vinci nie verheiratet. Viele glauben, er sei homosexuell gewesen. Einige nehmen an, dass für die Mona Lisa – seinem bekanntesten Gemälde – ein Mann Modell stand. Ob diese Annahmen stimmen, können wir heute nicht mehr eindeutig rekonstruieren, und vielleicht ist es für uns auch nicht so wichtig. Wichtig ist, dass Leonardo da Vinci, der so viele Innovationen initiierte oder zumindest voraussagte, mit all seinen Sinnen alle Wissenschaften der damaligen Zeit zugleich zu ergründen versuchte. Er war niemand, der im System selbst entstanden ist, sondern der außerhalb des Systems stand und dennoch zeitlebens versuchen musste, in diesem System zu überleben. Zwar ist das Leonardo gelungen, aber viele seiner Ideen wurden nicht umgesetzt. Der Apple-Gründer Steve Jobs, der als Adoptivkind aufwuchs[1] und sich später weigerte, seine Tochter anzuerkennen, ist vielleicht ein Leonardo der heutigen Zeit.

Innovation ist für mich zunächst Schöpfung von Neuem. Innovatoren, Schöpfer von Neuem, fallen oft aus dem Rahmen. Sie sind keine gewöhnlichen Menschen. Darauf hat Richard Florida in seiner Analyse der *Creative Class* hingewiesen. Florida[2] stellte fest, dass in Zentren der Kreativwirtschaft der Anteil an Homosexuellen besonders hoch ist. Auch Peter Thiel[3] sieht den Innovator als ungewöhnlichen Charakter.

Nicht jeder Außenseiter ist ein Genie, und nicht jeder Radikale ein guter Innovator. Aber ich kann aus meiner Erfahrung mit Entwicklern von Computerspielen berichten, dass viele der langfristig erfolgreichen Akteure keine klassische Karriere gemacht haben. Wenige entsprechen der Norm. Häufig sind es Schul- oder Studienabbrecher, Autodidakten, die ihr Glück im Unternehmertum suchten und dort erfolgreich waren. Sie hätten auch kaum eine andere Chance gehabt, weil sie keine formalen Abschlüsse vorweisen konnten. Damit waren sie als Unternehmer zum Erfolg verdammt. Wir müssen uns also vor Augen halten, dass die Protagonisten der Innovation zwar unter uns sind, aber häufig unkonventionelle Wege eingeschlagen haben.

Karrierepfade unterliegen im Innovationszeitalter einer gewissen Ungleichzeitigkeit. Und der klassische Innovator ist häufig jemand, dem Sie nicht unbedingt einen Job angeboten hätten. Er hätte ihn vielleicht auch nicht haben wollen – häufig bedingt sich das gegenseitig. Vielleicht hätten Sie ihn zwar dennoch angestellt, aber möglicherweise wegen seines Verhaltens schnell wieder gehen lassen. Mir hat jedenfalls mehr als ein erfolgreicher Unternehmer spätabends an der Bar gestanden, unbedingt, wenn er dieser Lebensphase entwachsen sei, noch seinen Studienabschluss nachholen zu wollen.

Menschen, die bereit sind, etwas Neues zu wagen, sind typischerweise keine Menschen, die in der Mitte der Gesellschaft stehen. Wichtige Innovationsträger sehen und verstehen sich eher dem Rande der Gesellschaft zugehörig. Denn wer Neues schafft, bedroht die bestehende Ordnung direkt oder indirekt; zumindest stellt er sie infrage.

Vor einigen Jahren war ich bei einer Veranstaltung des Stifterverband für die deutsche Wissenschaft. Ein wichtiger Vorstand gab dort zu Protokoll, dass aus seiner Sicht Unternehmensgründer nur dann unterstützt werden sollten, wenn sie jederzeit in einem Betrieb angestellt werden könnten. Am besten sollten sie promoviert sein. Denn, so wörtlich: „Wegen des Geldes sollte man kein Unternehmen gründen." Welch unvorstellbar weltfremde Arroganz! In der Tat leben Innovatoren von ihrer Arbeit, und das ist richtig so; es ist auch anders kaum vorstellbar. Sie tun dies oft auf der Basis von neuen Produkten oder Dienstleistungen, die vorher nicht existierten. Das kann nicht immer funktionieren, aber es gelingt öfter, als man denkt. Die Angst vor dem Scheitern ist groß, vor allem in Deutschland ist sie sehr stark ausgeprägt. Auch das führt dazu, dass gerade Außenseiter, Eigenbrötler,

Einzelgänger, Freaks oder Individualisten – der Mainstream hält viele
Bezeichnungen für derlei Nonkonformisten parat – den Sprung ins
kalte und unbekannte Wasser der Innovation wagen, weil sie im
Zweifel weniger zu verlieren haben. Eine der wichtigen Ungleichzeitigkeiten unserer Zeit ist, dass wir zunehmend auf Menschen angewiesen sind, die eher am Rande unserer Gesellschaft stehen.

Innovatoren sind außergewöhnliche Charaktere, die in gewisser
Weise auf sich selbst bezogen sind. Sie glauben an ihre Sache, und sie
handeln auch im eigenen Interesse. Solche Unternehmer sind einerseits egozentrisch, andererseits aber auch argwöhnisch und leiden sogar manchmal unter Verfolgungswahn. Dieser spezifische Unterneh-
mer-Typus ist auf der einen Seite sehr sensibel und auf der anderen
Seite sehr robust. Er ist sehr unsicher und zugleich sehr selbstsicher.
Diese Zwiespältigkeit, die sich im alltäglichen Handeln niederschla-
gen kann, ist für viele schwer nachzuvollziehen und stößt innerhalb
unserer Gesellschaft häufig auf Unverständnis.

Innovationen bringen Neuheiten, Veränderungen mit sich. Sonja Ziller
zitiert Hauschildt: „Neuartig ist mehr als neu, es bedeutet eine Ände-
rung der Art, nicht nur dem Grade nach. (…) Innovation ist mehr als
eine graduelle Verbesserung und mehr als ein technisches Problem."[4]
Peter Thiel unterscheidet in seinem Buch „Zero to One" zwischen vertikaler und horizontaler Innovation.[5] Horizontale Innovation entwickelt sich Schritt für Schritt weiter, so wie der VW Golf in seiner neuen
Ausgabe immer ein bisschen besser ist als sein Vorgängermodell. Davon zu unterscheiden ist die vertikale Innovation, die sich im Grunde
mit einem ganz neuen System beschäftigt. Hier werden Dinge so
grundsätzlich modifiziert, dass sie den Markt insgesamt verändern.
Diese vertikalen Innovationen sind aus der Sicht des Stanford-Profes-
sors Thiel besonders wertvoll. Tatsächlich sind Innovationen immer etwas Neues – etwas, das es vorher noch nicht gegeben hat.

Menschen mögen grundsätzlich keine Veränderungen. „Im Grunde
muss der Innovator froh sein, wenn der Widerstand gegen seine Idee
unter dem Level der totalen Verweigerung bleibt."[6] Der Kanadier Jack

L. Knetsch beschrieb folgendes Experiment[7]: In einer Klasse von 76 Studenten, die er als Probanden benutzte, verteilte er an jeden Teilnehmer eine Kaffeetasse. Dann mussten sie einen Fragebogen ausfüllen. Nach einiger Zeit fragte er die Probanden einzeln, ob sie gewillt seien, die Kaffeetasse gegen eine Tafel Schweizer Schokolade zu tauschen. Nur 11 Prozent waren bereit, den Tausch vorzunehmen.

Danach wurde der Versuch umgedreht: 87 andere Probanden wurde zunächst eine Schokoladentafel gegeben. Später wurden sie gefragt, ob sie die Schokolade gegen eine Kaffeetasse tauschen wollten. Nur 10 Prozent waren dazu bereit. Einer dritten Gruppe ließ man von vorneherein die Wahl. In etwa kam dabei eine hälftige Aufteilung heraus.

Endowment-Effekt nach Knetch

Group	Proportion Favoring (In Percent)		
	Mug Over Candy	Candy Over Mug	N
1. Give up mug to obtain candy	89	11	76
2. Give up candy to obtain mug	10	90	87
3. No initial entitlement	56	44	55

Quelle: Knetch, Jack L. (1989): The Endowment Effect and Evidence of Nonreversible Indifference Curves, S. 1277, 1278.

Die Lehre, die man aus diesen Versuchen ziehen kann, ist, dass Menschen grundsätzlich eher dazu neigen, an Bestehendem festzuhalten als Veränderungen zuzulassen. Dieser Endowment-Effekt (Besitztumseffekt) wird oft als Folge einer irrationalen Verlustaversion interpretiert. Diese menschliche Eigenschaft ist natürlich angesichts der gravierenden gesellschaftlichen Veränderungen, denen wir uns mit der Digitalisierung stellen müssen, nicht unbedingt ideal.

Innovationen kommen heute immer öfter von der Straße, nicht aus dem Labor. Für etablierte Unternehmen ist das zunächst einmal ärgerliche Konkurrenz. Was im Medienbereich Verlagshäuser, Musikkonzerne und Fernsehsender schon heute erleben müssen, werden Industrieunternehmen spüren, wenn die digitale Revolution sie erreicht. 3D-Drucker sind nur die Vorboten dieser Entwicklung.

Nicht zu unterschätzen sind dabei kulturelle Entwicklungen. Unsere Gesellschaft desintegriert sich. Klassische Arbeitsmodelle verlieren zunehmend an Bedeutung. Zugleich begegnet unsere Gesellschaft der Selbstständigkeit als Lebensform vermehrt mit Skepsis. Und so ringt das Unternehmertum um gesellschaftliche Akzeptanz. Für einen Selbstständigen etwa kann es schwierig sein, einen Kredit für eine Eigentumswohnung zu erhalten, weil sein Einkommen schwankt, während ein Postangestellter diese Probleme nicht haben sollte – er hat zwar ein sicheres Einkommen, trägt aber wesentlich weniger zur Innovation und damit zur gesamtgesellschaftlichen Fortentwicklung bei. Das ist zunächst keine Frage des Rechts, sondern unserer Wirtschafskultur, die nur sehr mittelbar durch das Recht beeinflusst wird.

Vor diesem Hintergrund kommt der Definition von Innovation eine Schlüsselrolle zu. Dabei vertrete ich die Position, dass Innovationen auch im Zusammenhang mit Inhalt, Design, Dienstleistungen und Geschäftsmodellen entstehen können: Innovation ist die Entwicklung von Neuem – wir müssen den Begriff so offen wie möglich halten. Innovationen können, müssen aber nicht ausschließlich patentfähige technische Erfindungen sein. Nur eine intelligente und flexible Kombination dieser Elemente ist zielführend. Sie sind allesamt gleichberechtigte Elemente des Innovationsökosystems. Sie müssen anpassungsfähig angewendet werden. Heute ist es zwingend erforderlich, die Bedeutung all dieser Elemente als Teil der Wissensökonomie anzuerkennen. Gerade in Kombination bergen sie das Innovationspotenzial für die Wirtschaft und die Gesellschaft insgesamt.

Innovatoren müssen in Deutschland schnell erfahren, dass oft nur technische Innovationen mit Fördermitteln unterstützt werden. Denn

hierzulande werden OECD-Regularien wie das Oslo- oder das Frascati-Manual, die entsprechende rechtliche Einschränkungen vorneh-
men könnten, eng ausgelegt. Aus der Erfahrung kann ich sagen, dass
andere Mitgliedstaaten der OECD hier anders verfahren. Es entsteht
manchmal der Eindruck, dass in Deutschland einige maßgebliche Akteure versuchen, sich hinter diesen internationalen Regelungen zu
verstecken, weil sie eine differenziertere Verwendung des Innovati-
onsbegriffs fürchten.

Dabei ist die Frage nach der Definition von Innovation nicht neu. Be-
reits im Jahre 2005 analysierte die britische *Research and Knowledge
Transfer Task Group* in ihrem viel beachteten Papier „Unweaving the
Rainbow: Research, Innovation and Risk in a Creative Economy" den
Status nichttechnischer Innovationen im Kontext der relevanten inter-
nationalen Abkommen, des sogenannten Frascati-Manual und dem
Oslo-Manual, und kam zu folgendem Ergebnis:

> 36. To see beyond any highly embedded and diffuse structures is in-
> variably challenging; that is, after all, a key characteristic of innova-
> tion. Any sustainable engagement in competing in a knowledge econ-
> omy, however, cannot afford to risk ignoring the fact that sectors such
> as the CIs, that are central to driving such an economy, are dependent
> on both technology and other sources of knowledge and research for
> their continued growth and may engage in forms of R&D and innova-
> tion processes that are outside of the definitions currently employed.
> (…)
> 38. The poet John Keats and the mathematician and physicist Sir Isaac
> Newton had differing views of how new knowledge is acquired and
> utilised. Keats criticised Newton's prismatic cooler analysis of a rain-
> bow for its dismantling of an organic whole describing it in his poem
> Lamia as "unweaving a rainbow"; whilst Newton described the accu-
> mulative process of knowledge as "standing on the shoulders of giants
> to see further". It is an irony of history that neither Keats nor Newton
> would have faired well under the current R&D Tax Credit guidelines
> – mathematics as well as arts and humanities being excluded from the
> current definition of science.
> 39. In the 21st century the creative industries stand on the shoulders of
> both Keats and Newton and their successors across all disciplines of
> knowledge. We can, and do, no longer live in a world of two cultures

where art and science are artificially polarised by outmoded frameworks of classification. This was clearly articulated in the report Imagination and Understanding21 in 2001 which stated that:
"In the circumstances of modern society and a modern global economy, the concept of a distinct frontier between science and the arts and humanities is anachronistic. Successful economies depend increasingly on the creation, communication, understanding and use of ideas and images."[8]

Betrachten wir in diesem Zusammenhang die Entwicklung des Kinos in Frankreich am Ende des 19. Jahrhunderts. In dieser Zeit entwickelten die Brüder Lumière in Paris den Kinematografen – also eine Maschine, mit der man eine Abfolge von Fotografien auf eine Leinwand projizieren und so einen Bewegungsablauf im Film simulieren konnte. Dies war die Geburtsstunde des Films; schnell entstand eine eigene kleine Wirtschaft – die Filmwirtschaft. Zunächst wurden die Filme auf kirmesartigen Volksfesten gezeigt oder man mietete Hotelballsäle und zeigte die ersten Filme dort vor ausgewähltem Publikum. Dann begann man, eigene Kinosäle zu bauen. Allerdings stellte sich schnell folgendes Problem ein: Die Investitionen in den Kinosaal waren hoch. Die Investoren konnten deshalb in der Regel kein weiteres Geld für neue Filme ausgeben.

Zunächst fiel dieser Konflikt gar nicht auf, denn das Kino war so neu, dass es selbst eine Attraktion darstellte. Man ging ins Kino, um im Kino zu sein – nicht unbedingt, um einen bestimmten Film zu sehen. Allerdings gingen die Bürger einmal in einen Film, um die Faszination Kino zu erleben, möglicherweise auch noch ein zweites Mal. Dann aber wollte das Publikum einen neuen Film sehen. Die technische Innovation allein war wirtschaftlich nicht überlebensfähig. In dieser Situation war es der Einfallsreichtum des Franzosen Jacques Pathé, der dieses für die Filmwirtschaft existenzielle Problem löste. Er hatte die Idee, Kinofilme selbst mitzufinanzieren, um sie dann im Wochenrhythmus an verschiedene Kinos zu verleihen. Somit war der erste Filmverleih geboren. Dieses Geschäft stellte sich als sehr lukrativ heraus, und so lange es nur Stummfilme gab, war Frankreich mit diesem Modell weltweit führend. Erst nach dem ersten Weltkrieg verlor

Frankreich seine dominante Stellung im Filmmarkt, da der Heimatmarkt zu klein wurde, um ein großes Risiko-Portfolio zu refinanzie-
ren.[9]

Wichtig ist mir die Feststellung, dass wir es hier mit zwei Erfindungen
zu tun haben: mit der technischen Erfindung des Kinematografen und
der Erfindung des Filmverleihs. Letztere fällt in den Bereich der Ge-
schäftsmodell-Innovationen und macht sich zunutze, dass sich Medienprodukte in der Regel nicht physisch abnutzen (der Fachmann
spricht von Nichtrivalität im Konsum). Diese Innovationen sind aus
meiner Sicht genauso zu würdigen wie die Innovationen im technischen Sinne.

Unsere deutschen Verwaltungen verstehen jedoch bis heute unter Innovationen in der Regel patentierbare technische Innovationen. Insbesondere die deutsche Regierung erkennt nur technische Innovationen an; d.h. unsere öffentlichen Förderprogramme hätten nur die Entwicklung des Kinematografen unterstützt, die des Geschäftsmodells
jedoch nicht. Damit liegt auch das Überleben der technischen Innovation in der Hand des Marktes. Sicher: Nicht jede technische Entwicklung erfordert ein eigenes Geschäftsmodell. Tatsache ist aber, dass bei
uns in Deutschland viele technische Erfindungen einfach liegen bleiben und nie im Markt stattfinden.

Ich möchte diesen zwei Dimensionen, der „technischen Erfindung"
und dem „Geschäftsmodell", noch eine dritte hinzufügen und an den
Siegeszug des iPhone in Europa erinnern. Als das iPhone ab November 2007 sukzessive in Europa auf den Markt kam, wurde es exklusiv
von den großen staatlichen Telekommunikationsunternehmen (Deutsche Telekom, Orange etc.) vertrieben und offensiv gegen Nokia po-
sitioniert. Zu dieser Zeit war den Telekom-Unternehmen offenbar
noch nicht klar, dass die eigentliche Innovation des iPhones – neben
dem neuartigen Design – in einem neuen Geschäftsmodell bestand.
Dieses schloss die Telekom-Konzerne aus der Wertschöpfungskette
aus und führte den sogenannten *App Store* ein. Dieser erlaubte es Dritten Applikationen für das iPhone über den Store anzubieten und dann

mit einem Abschlag von 30 Prozent direkt an die Nutzer zu verkaufen. Bis zu diesem Zeitpunkt nahmen die Telekom-Unternehmen in
Europa für solche Drittanbieter-Geschäfte in der Regel mehr als 50
Prozent Marge. Das machte das Geschäft mit mobilen Applikationen
sehr riskant und letztlich unrentabel. Durch das neue Geschäftsmodell lohnte sich die Entwicklung von Applikationen plötzlich für einen Teil der kleinen App-Entwicklerfirmen, was wiederum einen
enormen Boom der *App Economy* auslöste. Auch hier müssen wir also
zunächst von einer Innovation der Geschäftsmodelle sprechen.

Warum aber haben sich die Telekom-Konzerne Europas dazu bereit
erklärt, das iPhone exklusiv und mit großem Marketingaufwand in
den Markt zu drücken? Und zwar obwohl sie damit ihrem langjähri-
gen Partner aus Europa, Nokia (2007 bis 2013 Nokia Siemens Net-
works), die Geschäftsgrundlage entzogen. Sie haben Nokia gerade-
wegs in die Arme von Microsoft getrieben – der Ausgang ist bekannt.

Die klugen Südkoreaner haben das iPhone erst Jahre später überhaupt
in den Markt gelassen – mit der Folge, dass bis heute koreanische
Handys existieren. Europäische Firmen wie Siemens, Ericsson und
Nokia (und das im Kern israelische Motorola) waren viele Jahrzehnte
– gemeinsam mit den europäischen Telekom-Konzernen – die Treiber
der *mobile phone*-Technologie. Es gelang sogar, den europäischen
GSM-Standard in den USA gegen die US-Firmen durchzusetzen.
Große Teile der Patente in diesem Bereich wurden von Europäern entwickelt. Nur fünf Jahre nach der Einführung des iPhones waren die
europäischen Mobilfunkunternehmen – bis auf den Bereich der
Gaming Apps aus Finnland – weitgehend marginalisiert.

Ich habe eine Freundin, die bei Telecom Italia arbeitet, gefragt, warum
die europäischen Telekom-Konzerne das iPhone so stark unterstützen
(obwohl sie sich damit im *business model* den Ast absägen, auf dem sie
sitzen). Sie sagte lapidar: „*You know, the iPhone is a very cool device.*"
Selbst die europäischen Telekom-Konzerne haben also ihre Entscheidung zugunsten der Amerikaner und zulasten ihrer eigenen europäischen Bündnispartner und vor allem langfristig zulasten ihres eigenen

Vorteils auf der Basis von Design-Erwägungen getroffen. Denn das erste iPhone war dem damaligen Nokia-Konkurrenten keineswegs technisch überlegen, es hatte einfach nur den entscheidend cooleren Look und das viel nutzerfreundlichere, intuitive Konzept. Es handelt sich hier also im Kern um eine Design-Innovation. Bleibt nur anzumerken, dass das Apple-Design im Wesentlichen von deutschen Designern geprägt ist, die vorher für Braun tätig waren. Obwohl wir Deutsche also sowohl technologisch als auch im Design die entscheidenden Impulse geliefert haben, ist es uns nicht gelungen, auch nur einen kleinen Teil der Kontrolle über diese Technologie im Land zu behalten. Vielleicht ist diese Entwicklung aber auch in der Hybris der Telekom-Konzerne begründet, die noch immer glauben, sie könnten daran verdienen, dass sie den Markt kontrollieren.

Das Besondere an der Innovation des iPhone ist, und das ist leider hierzulande nach wie vor umstritten, dass sie mehr ist als ein technisches Produkt. Sie umfasst zugleich Design und Geschäftsmodell; möglicherweise erstreckt sie sich auf den Produktionsprozess oder eine Dienstleistung. Dabei kann die Innovation in einem einzigen Design-Element oder in einer Vereinfachung aus Nutzersicht bestehen. Es muss kein technischer Bezug vorhanden sein. Gerade im Medienbereich können Innovationen durchaus andersartig gestaltet sein. So können zum Beispiel Film-Drehbücher oder Serienbibeln innovativ gestaltet, Inhalte innovativ aufbereitet oder ein Computerspiel inhaltlich innovativ sein.

Die Verknüpfung zwischen Design und Technologie und das Verständnis des Designs als Teil des innovativen Fortschritts ist uns Deutschen schwer zugänglich – und das ist ein großes Problem. Wenn wir über Innovation in Deutschland sprechen, müssen wir über einen weiten Innovationsbegriff sprechen. Innovation bedeutet heute, Fragen des Designs, Fragen des Geschäftsmodells und Fragen der technischen Innovation übereinanderzulegen und gleichrangig zu bewerten. Mal überwiegt der technische Faktor, dann wieder der Geschmack oder der des Geschäftsmodells.

Aus meiner Sicht vollkommen abwegig ist der prozessorientierte Innovationsbegriff, wie er noch immer im Rahmen der großen Förderprogramme für Forschung und Innovation benutzt wird. Seine Eindimensionalität wird in der untenstehenden Abbildung deutlich. Hier wird unter Innovation ein formaler Prozess verstanden, der unmittelbar vor der Verwertung steht. Daher wird er traditionell zeitlich zwischen der Erforschung und dem Markteintritt angesiedelt. Diese formal-prozesshafte Positionierung der Innovation findet sich im Bereich der Forschungs- und Innovationsförderung auf deutscher und europäischer Ebene. Sie trennt zwischen der vorwettbewerblichen kollaborativen Forschungsförderung und der schon wettbewerbsnahen Innovationsförderung (für die in der Logik der Fördergeber der öffentliche Anteil geringer ausfallen sollte).

Prozessorientierter Innovationsbegriff

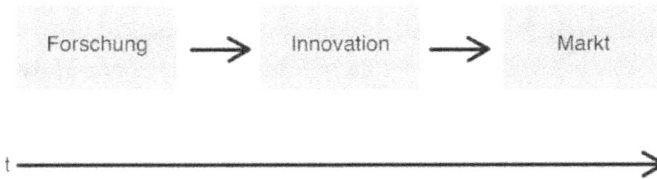

Forschung $\longrightarrow$ Innovation $\longrightarrow$ Markt

t $\longrightarrow$

Nach diesem Verständnis ist Innovation das Vorbereiten des „In-den-Markt-Bringens" von im Rahmen der Forschungsförderung entwickelten Ergebnissen. In einem öffentlich geförderten Projekt sollen die Forschungsergebnisse für den Markteintritt vorbereitet werden. Hier steht der Gedanke Pate, dass es sich dabei nicht mehr um richtige Forschungsförderung handelt, weil es um Innovationen geht, die zeitlich näher am Markt liegen.

Aus meiner Sicht ist dieses Verständnis falsch, auch wenn es im politischen Fördersystem fest etabliert ist. Hier wird der Innovationsbegriff künstlich für die Förderadministration verengt. Die Innovation im Sinne von Neuem im technischen, gestalterischen oder geschäftlichen Kontext ist hier gar nicht gemeint. Denn letztlich geht es dabei nicht um Innovation, sondern um Markteintritt von geförderter Forschung. Dazu kommt: Häufig sind schon die Forschungsprojekte, die gefördert werden, nicht sonderlich innovativ. Trotzdem gelingt es findigen Consultants (nicht ihnen, sondern dem System ist der Vorwurf zu machen) immer wieder, für solche Projekte noch einmal zusätzliche Mittel für den Markteintritt zu beschaffen.

Mir wurde unlängst ein *App Store* vorgestellt, der auf Initiative der ALECSO (der UNESCO der Arabischen Liga) entwickelt worden war. Dieser *App Store* war von den verschiedenen arabischen Staaten in Auftrag gegeben worden, um arabischsprachige Inhalte anzubieten. An sich eine sehr gute Idee. Technisch scheint der *App Store* seit 2015 zu funktionieren, und es wurden mittlerweile einige hundert, meist edukative Apps eingestellt. Als wir aber auf die Userzahlen zu sprechen kamen, erzählte man mir, dass es im gesamten arabischen Raum nur wenige Tausend seien. Ich habe mich daraufhin zu der Aussage verstiegen, dass Angry Birds schon vor einigen Jahren die Eine-Milliarde-Download-Grenze geknackt habe und dass wenige tausend User eine sehr geringe Zahl seien. Ich schlug vor, für die Zukunft den Spaß stärker in den Mittelpunkt zu stellen und weniger edukative sowie belehrende Inhalte anzubieten. Die Mitarbeiter der ALECSO waren von meiner Aussage schwer getroffen. Sie wollten ihrerseits zusätzliche öffentliche Mittel organisieren, um mit ihrer inhaltlichen Strategie stärker zu punkten. Von einer spaßgetriebenen, die intrinsische Motivation der App-Nutzer berücksichtigenden Strategie hielten sie wenig; virales Marketing war ihnen offenbar unbekannt.

Viele Projekte im technischen Umfeld, die seitens des Staates angestoßen oder organisiert werden, erreichen nicht ihre Ziele. Doch statt sie zu optimieren und dem Markt zu überlassen, steckt der Staat weitere Mittel in sie hinein, um ihr Überleben im Markt zu ermöglichen. Und das Ganze heißt dann Innovationsförderung.

Ein anderes Beispiel aus meiner Zeit als europäischer Computerspiel-Entwickler-Vertreter: Zu Beginn, also vor über zehn Jahren, habe ich mich sehr für eine gemeinsame europäische *Engine*-Technologie stark gemacht, die die Markteintrittsbarrieren für die Entwicklung von Computerspielen in Europa senken helfen konnte. Eine *Engine* ist so etwas wie ein virtuelles Marionettentheater, in dem man die interaktiven Spiele entwickeln und abspielen kann. Damals mussten die Entwickler von Computerspielen noch hohe Lizenzgebühren für dessen Nutzung bezahlen. Ich habe seinerzeit ein ausführliches Papier geschrieben und in der EU-Kommission in einem großen Workshop vorgestellt. Zielrichtung des Papiers war die Entwicklung einer wettbewerbsfähigen europäischen *Engine*-Technologie mit Hilfe öffentlicher Mittel. Umgesetzt wurde das Projekt von der EU-Kommission nicht. Und heute ist das Problem weitgehend obsolet, weil es mit Unity[10] eine allgemein anerkannte und bezahlbare Technologie gibt.

Als ich wenige Jahre später von der französischen Regierung angefragt wurde, ob man nicht eine rein französische Umsetzung des Projektes anstoßen solle, habe ich mich natürlich bereit erklärt, dies politisch und inhaltlich zu unterstützen (schließlich kam der Plan ja ursprünglich von mir). Der französische Staat hat dann über zehn Millionen Euro ausgegeben, um eine nationale *Game Engine* auszubauen. Mein damaliger Europa-Verbandspräsident – selbst ein Franzose – hielt von dieser Idee nicht viel. Wir hatten intern eine sehr harte und sachliche Auseinandersetzung, in der er mir deutlich machte, dass das Projekt aus seiner Sicht zum Scheitern verurteilt sei. Solche *Engines* müssten kommerziell entwickelt werden, meinte er, sonst können sie dem Innovationsfortschritt nicht standhalten. Er sehe meinen Punkt. Und er hielte es auch für wichtig, dass es grundsätzlich keine hohen technischen Markteintrittshürden gebe. Aber es sei einfach nicht möglich, dass eine durch öffentliche Fördermittel initiierte Technologie so umgesetzt werde. Ich habe mich damals nicht von ihm leiten lassen, und er gab mir letztlich einen Dispens. Ich durfte meine Meinung im öffentlichen Raum äußern – diese Größe, andere Meinungen zu respektieren, hat ihn immer ausgemacht. Aber ich muss im Nachhinein zugeben, dass er recht hatte: Zwar wurde das Projekt umgesetzt und eine staatlich finanzierte französische *Game Engine* entwickelt, aber wenig später krähte kein Hahn mehr danach. Die deutsche *Cry Engine*, die völlig ohne öffentliche Förderung entwickelt wurde, hat sich dagegen weltweit einen vortrefflichen Ruf erarbeitet. Nichts würde dagegensprechen, die *Cry Engine* jetzt mit öffentlichen Mitteln zu unterstützen, damit sie im internationalen Wettbewerb bestehen kann.

Im Kern gibt es nicht ein Verständnis von Innovation. Verschiedene Communities verstehen unter Innovation ganz unterschiedliche Dinge. Sie reden deshalb häufig aneinander vorbei, wenn sie aufeinandertreffen. Diejenigen, die Innovationen fördern, haben viel weniger mit Innovation im Sinne von etwas ganz Neuem zu tun, als man annehmen würde. Und diejenigen, die wirklich innovativ sind und Innovation realisieren, so wie ich das verstehe, wissen manchmal gar nicht, dass sie jetzt innovativ sind. Das Entscheidende an den wichtigsten Innovationsträgern ist, dass sie sich so auf die Sache an sich konzentrieren müssen, dass sie manchmal vergessen, welche Bedeutung ihnen eigentlich zukommt. Das müssen sie auch: Wenn sie sich die ganze Zeit ins Bewusstsein rufen würden, welche innovativen Schritte sie gerade gehen, dann würden sie vielleicht gar nicht mehr so innovativ sein können, sondern entweder Angst kriegen oder so salbungsvoll werden, dass ihnen nichts mehr einfällt.

Ich bin jedenfalls dafür, den Begriff Innovation so offen wie möglich zu halten. Innovation ist neu und entzieht sich daher im Kern dem vorher Dagewesenen. Nie da gewesen ist Innovation unabhängig davon, ob sie als *business model* in einer Firma passiert, ob sie technisch oder gestalterisch-künstlerisch ist. Sie muss neu sein, muss ein Problem lösen. Umso offener und flexibler wir den Begriff handhaben, umso näher kommen wir dem, was wir suchen.

Fassen wir die Ergebnisse zusammen:

- Innovatoren sind ungewöhnliche Menschen.

- Der Innovationsbegriff ist offen, am Neuen orientiert.

- Es ist offensichtlich falsch, ihn als formalen Prozess von Forschung abzugrenzen.

- Aber es ist auch verkehrt, Technologie in den Mittelpunkt zu stellen, zumindest gestalterische und *business*-Aspekte müssen gleichrangig berücksichtigt werden.

BLAUPAUSE

Vor etwa zehn Jahren – ich war als Gastredner auf einer Computer-spiel-Entwickler-Tagung in Seoul – saß ich in einer Sushibar, die für die Redner reserviert war, und traf dort auf einen finnischen *Game Designer*, Jakko Iisalo. Er erzählte mir von seinem aktuellen Spieleprojekt, das gerade auf dem iPhone gelauncht worden war und dort einen gewissen Anfangserfolg erzielt hatte; der Name des Spiels war Angry Birds.

Jakko berichtete über die Geschichte dieses Spiels aus seiner Perspektive. Er hatte vor einigen Jahren ein Spieleentwicklungs-Unternehmen in Finnland – Rovio – mitgegründet, das sich über die Jahre im Wesentlichen mit Handyspielen für Nokia finanzierte. Wie für alle Hersteller von Handygames war der Markt auch für die finnische Firma vor der Einführung des iPhones außerordentlich schwierig und volatil. Aber Rovio hatte zunächst nicht den gewünschten Erfolg. Über die Jahre hinweg produzierte die Firma etwa 40 Spiele – und zahlte dabei sehr viel Lehrgeld. Glücklicherweise war der Vater von Jakkos Gründerkollegen relativ vermögend und bezuschusste das Treiben seines Sohnes (zusammen mit der finnischen Regierung) mit erheblichen Summen und über Jahre hinweg. Der guten Ordnung halber mussten die Gründer dem Familien-Investor aber im Gegenzug Schritt für Schritt Anteile am Unternehmen abgeben. Ein Jahr vor unserem Treffen in der südkoreanischen Sushibar hatten Jakko und seine Mitgründer kaum noch eigene Anteile am einst gegründeten Unternehmen – und sie waren kurz davor aufzugeben.

Allerdings hatte Jakko noch eine letzte Spieleidee. Er hatte sich überlegt, wie man eine Geschichte erzählen könnte, die das damals neue Touchscreen des iPhones sinnvoll einsetzte und zu einem wirklich einzigartigen spielerischen Umgang mit dem neuen Gerät führen würde: Es handelte sich um eine Geschichte von Schweinen und Vögeln, die er mir – in aller finnischen Umständlichkeit, und Finnen können sehr langsam reden – erzählte. Dabei berichtete mir Jakko mit leuchtenden Augen davon, wie er die Idee umgesetzt hatte, den Zeigefinger auf dem Display des iPhone für das Auslösen einer virtuellen Steinschleuder zu nutzen. Anders als gemeinhin angenommen, sind *Game Designer* ja keine speziellen Grafik-Designer, sondern letztlich Interaktions-Designer, die darauf spezialisiert sind, den spielerischen, also Freude machenden Umgang mit dem Computer zu ermöglichen.

Jakko ging also damals – ein letztes Mal – zum Vater seines Kompagnons und stellte die Idee vor: Angry Birds. Da niemand in die Zukunft sehen kann und in der Vergangenheit meist Verluste aufgelaufen waren, fiel es Jakko sehr schwer, ihn zu überzeugen. Letztlich willigte er aber ein und ließ sich im Gegenzug für einige wenige zehntausend Euro die letzten drei Prozent der Anteile Jakkos an Rovio überschreiben. Drei Prozent hatte der Designer damals noch an dem Unternehmen, und die gab er hin, um das Spiel Angry Birds verwirklichen zu können. Das Spiel wurde realisiert. Niemand konnte damals voraussehen, dass Angry Birds einmal in die Geschichte eingehen würde als eines der erfolgreichsten Medienprodukte aller Zeiten. Innerhalb von vier Jahren sollte Angry Birds von mehr als einer Milliarde Menschen – jedem siebten Erdenbewohner – heruntergeladen werden. Das war ein sehr gutes Geschäft – für den Vater von Jakkos Kompagnon. Voraussehen konnte das niemand – *nobody knows*.

Diese Geschichte ist ein gutes Beispiel, um die besonderen Gesetzmäßigkeiten der Medienindustrie zu diskutieren, und das werden wir im weiteren Verlauf dieses Kapitels tun. Doch zuvor müssen wir uns die Frage stellen, warum das überhaupt notwendig ist. Wir müssen es, weil die Digitalisierung der Medienwirtschaft die Blaupause für die Digitalisierung der gesamten Wirtschaft ist. Denn einerseits ist die Digitalisierung dort früher eingetreten.[1] Andererseits sind die besonderen Gesetzmäßigkeiten der Medienwirtschaft[2] (die häufig dieselben wie die der Kreativwirtschaft[3] sind) über die Software die Blaupause für die Gesetzmäßigkeiten einer letztlich digitalisierten Gesamtwirtschaft. Dabei beobachten wir in der ganzen Kreativwirtschaft eine durch die Digitalisierung ausgelöste Vereinheitlichung der Managementmethoden.

Wenn wir zu verstehen versuchen, wie Digitalisierung funktioniert,
ist es wichtig, dass wir uns zunächst einmal den technischen Grundlagen nähern. Technisch ist die Digitalisierung der Übergang von der
analogen auf die digitale Übertragungs- und Speicherungstechnik.
Am besten lässt sich das am Beispiel der Musikwirtschaft erklären,
weil hier die daraus resultierenden Probleme zuerst aufgetreten sind.
Der klassische Plattenspieler überträgt analoge Signale noch in
elektrischen Amplituden und Frequenzen, die auf den Vinylplatten
eingerillt werden. Mit der Einführung der CD wurde eine neue Wie-
dergabetechnik eingeführt, bei der mittels Laser Signalelemente abge-
lesen werden konnten, die binär vercoded waren. Damit verwendet
sie dieselbe Signalkategorie wie ein Computercode und kann wesentlich effizienter gespeichert und komprimiert (MP3) weitergeleitet
werden. Beim Empfänger wird das Signal wieder umgewandelt.
Letztlich wird die Musik in einen Code aus Nullen und Einsen zerlegt.
Der Vorteil besteht darin, dass dieser computerlesbare Code viel effizienter zu speichern und zu transportieren ist und mit anderen Daten
(z.B. sog. Metadaten, die über den Inhalt der Datei Auskunft geben)
verknüpft werden kann.

Mit Fug und Recht kann die Medien- und Kreativwirtschaft als Blaupause für die Digitalisierung der gesamten Wirtschaft angesehen werden. Unsere Erfahrungen aus der Zeit der digitalen Revolution in den
Medien können wir hier sehr gut einbringen; denn die vielen Gesetzmäßigkeiten, die wir in der Medienbranche identifizieren konnten,
haben auch in der Softwarebranche Geltung. Viele der Themen, die
wir in der Medienbranche in den vergangenen Jahren diskutiert haben, zum Teil kontroverse Themen wie den ideologisch aufgeladenen
Konflikt zwischen den Todfeinden der Piraterie auf der einen Seite
und der *Open Source*-Bewegung auf der anderen, kommen nun, da Digitalisierung in die ganze Wirtschaft diffundiert, überall zur Sprache.

Das bedeutet, dass man, wenn man über die Digitalisierung der gesamten Wirtschaft nachdenkt, gut daran tut, sich mit den speziellen
Gegebenheiten der Medienbranche im Zusammenhang mit der Digitalisierung auseinanderzusetzen. Wie unter einem Brennglas lassen

sich die besonderen Gesetzmäßigkeiten und Probleme der gesamten digitalisierten Wirtschaft aus dem Kontext der Medienwirtschaft heraus verstehen und analysieren. Wenn wir überlegen, welche grundsätzlichen Gesetzmäßigkeiten im Bereich der Medienwirtschaft als Teil der Kreativwirtschaft gelten, dann können wir davon ausgehen, dass in nicht unerheblichem Umfang diese Regeln im Umfeld der Digitalisierung an Bedeutung gewinnen. Wie sehen diese Gesetzmäßigkeiten also aus?

Wenn man Medien als Güter betrachtet, so stellt man fest, dass sie Sachleistungen, sprich: Produkte sein können, wie zum Beispiel das Buch. Sie können aber auch Dienstleistungen sein, wie zum Beispiel das Streaming im Internet. Manchmal gibt es Verknüpfungen von Sach- und Dienstleistungen, beispielsweise das Kino. Dabei handelt es sich um eine Dienstleistung für das Kino im Verhältnis zum Kinobesucher; zugleich ist die Filmrolle aber auch ein Produkt, das verkauft und verliehen wird.

Medienprodukte sind zudem häufig Kuppelprodukte, das heißt, sie werden durch Werbung und zugleich durch direkte Einnahmen vom Konsumenten finanziert.[4] In bestimmten Fällen ersetzen wir in der Medienwirtschaft Geld durch Aufmerksamkeit, die dann ebenfalls in den Wirtschaftskreislauf eintritt. Dieses Phänomen kennen wir bereits aus der digitalen Wirtschaft. Internetseiten finanzieren sich häufig über Werbung und über den Verkauf oder die Dienstleistung. Nehmen wir eine Vermittlungs- oder Beratungsplattform, die einerseits an der Werbung und zugleich an den *Call-in*-Minutenpreisen verdient.

Bei Medienprodukten gibt es häufig Substitutionen, wie zum Beispiel die Ablösung von gedruckten Zeitschriften durch Tablet-Computer. Ähnliches haben wir mit der CD erlebt, die die Vinyl- Schallplatte ersetzte, oder mit der DVD, die die Videokassette ablöste. Auch im digitalen Umfeld kennen wir den Ersatz einer Plattform durch andere physische oder virtuelle Plattformen. Ältere können sich vielleicht noch erinnern, dass es früher Mitfahrzentralen gab, bei denen man anrufen konnte und für Mitfahrten vermittelt wurde.

„Medienprodukte werden, wie alle Dienstleistungen, durchgängig den Erfahrungs- und, vor allem wenn es sich um komplexe und informative Produkte handelt, den Vertrauensgütern zugeordnet."[5] Wir Käufer können sie nicht vorher testen, wir kaufen in der Regel eine Katze im Sack. Zum Zeitpunkt des Kaufs wissen wir nicht, ob sich dieser lohnen wird – wir gehen in Vorleistung und setzen Vertrauen in das Produkt oder die Dienstleistung. Umgekehrt wissen die Hersteller in der Regel nicht, ob ihre Produktion tatsächlich erfolgreich sein wird. Selbst sehr erfahrene Vertriebsexperten können sich nur auf ihren Instinkt verlassen. Wir sprechen hier vom *nobody knows*-Phänomen.[6]

Aus dem Beispiel Angry Birds lernen wir: Der unglaubliche Erfolg dieses Spiels liegt an einem intrinsischen Motivationsschub der Fans. Sie wollen diese Applikation haben, die für kleines Geld verfügbar ist; auch wenn das Spiel im *App Store* nur 0,99 Euro kostete, hat es sich so oft verkauft, dass das ursprüngliche Investment um ein Vielfaches übertroffen wurde. Das war nicht vorhersehbar, anders gesagt: Niemand weiß, was letztlich erfolgreich sein wird. Und diesen *nobody knows*-Effekt kennen wir auch von Internet-Start-ups.

Eine besondere Problematik für den Medienbereich ist die Qualitätsfeststellung, weil die Qualitätsbeurteilung sehr unterschiedlich ausfallen kann. Mindestens drei unterschiedliche Perspektiven können eingenommen werden: die des Produzenten, des Rezipienten und des Kritikers. Bei den verschiedenen Qualitätsvorstellungen könnte zum Beispiel die handwerkliche Umsetzung, der Erfolg beim Rezipienten oder die künstlerische Leistung im Vordergrund stehen. Dieses Prinzip lässt sich ebenfalls in die digitale Wirtschaft übertragen, wobei die Frage der Qualität stets subjektiv und relativ ist. Das gilt insbesondere im Zusammenhang mit datenbezogenen Geschäftsmodellen.

Im Zeitalter ihrer technischen Reproduzierbarkeit[7] sind Werke, wissenschaftliche und künstlerische Werke, aber auch mediale Inhalte, Kultur- und Wirtschaftsgüter zugleich. In dieser sogenannten Janusköpfigkeit steckt eine besondere Verantwortung. Denn viele Medieninhalte stehen in einem kulturellen Kontext. Erst in den 1950er-Jahren wurde das Kino als Kulturgut anerkannt. Bei Computerspielen ist dieser Prozess noch nicht abgeschlossen. Zwar hat der Bundestag bereits 2007 beschlossen, Computerspiele als Kulturgut anzuerkennen[8], gleichwohl gerät dieser Entschluss gelegentlich in Vergessenheit. Und in der Bevölkerung selbst ist diese Ansicht wahrscheinlich noch immer kaum verbreitet. Dabei gibt es große Parallelen zwischen dem Kino und Computerspielen, und der Einfluss von Computerspielen auf unsere Denkweise, unsere Kommunikationsfähigkeit und unser Realitätsverständnis ist nicht zu unterschätzen. Filme wie Computerspiele werden heute als Teil unserer Realität wahrgenommen und prägen somit unser Denken und Bewusstsein. Genau deswegen sind sie Teil unserer Kultur. Letztlich gilt das auch für viele Internetanwendungen. Mittlerweile wird sogar untersucht, ob sich die Gehirne unserer Kinder durch Nutzung dieser Medienprodukte verändern.

Deshalb ist es nicht einerlei, ob Medien aus unserem eigenen kulturellen Umfeld stammen oder nicht. Denn mit diesen Medien reproduzieren wir unsere kulturellen Grundlagen und manifestieren sie im digitalen Zeitalter. Es ist eben wichtig, dass wir unsere eigenen Medienprodukte haben, weil wir damit auch unsere Kultur medial reproduzieren – auch wenn wir das gar nicht merken. Deshalb müssen wir darauf achten, dass unser Heimatmarktanteil eine relevante Größe erreicht. Die bereits erwähnte Janusköpfigkeit der Medien als Kultur- und Wirtschaftsgut kann also nur unterstrichen werden.

Medien erfüllen (wenigstens zum Teil) eine öffentliche Aufgabe. Das hat mit der Rolle der Medien als vierte Gewalt in unserer Demokratie zu tun. Manche Medien sind zum Teil meritorische Güter[9], sie werden also privatwirtschaftlich hergestellt und vertrieben, aber durch staatliches Handeln gefördert, weil sie besondere Zwecke erfüllen, die der Staat als gesellschaftlich bedeutsam ansieht. Umgekehrt gibt es in bestimmten Fällen Marktversagen oder externe Effekte, also privatwirtschaftliche Entwicklungen, die nicht erwünscht sind. Hier besteht gegebenenfalls Handlungsbedarf: In diesem Zusammenhang lässt sich eine lange Liste zusammenstellen – von Piraterie über die Verbreitung von Kinderpornographie auf der negativen Seite bis zu speziellen Blogs und Informationsangeboten auf der positiven.

Ökonomisch betrachtet haben Medienprodukte hohe Fixkosten, während die Reproduktionskosten für neue Produkte, wenn sie einmal erschaffen sind, sehr gering ausfallen;[10] im digitalen Spektrum gehen sie sogar gegen null. Denn es entstehen keine Kosten, um zusätzliche Produkte herzustellen, wenn die Ur-Kopie vorliegt. Die Herstellung eines Films oder eines Computerspieles ist sehr kostspielig; allerdings ist die Höhe der Herstellungskosten unabhängig davon, ob man einen oder viele Millionen Konsumenten hat. Manchmal fallen zwar noch Vervielfältigungs- und natürlich Vertriebskosten an, diese sind aber eher zu vernachlässigen. Anders verhält es sich bei anderen industriellen Produkten, etwa bei Lebensmitteln, für die stets variable Kosten pro Stück anfallen. Im Zeitalter der Digitalisierung potenziert sich dieses Phänomen noch einmal. Daher ist der *break-even point* anders gelagert. Das trägt dazu bei, dass besonders erfolgreiche digitale Produkte besonders hohe Margen erzielen; in nicht wenigen Fällen liegt der Gewinn deutlich höher als die Herstellungskosten. Ein Beispiel aus dem Kino: „Das Leben der Anderen" spielte bei etwa zwei Millionen Euro Produktionskosten allein mit Kinoerlösen 77.356.942 US-Dollar ein[11]. Damit war diese Ausnahmeproduktion mit Oscar-Auszeichnung wesentlich rentabler als viele Hollywood-Produktionen. Vergleichbares beobachten wir bei Spielen: In guten Jahren nahm ein Spiel wie World of Warcraft allein in Europa deutlich über eine Milliarde ein – auch wenn die Herstellung teuer war, hat sie nur einen Bruchteil des damit erzielten Jahresumsatzes gekostet.

Das ist zunächst einmal eine wirklich gute Nachricht. Aber es gibt eben auch die Kehrseite der Medaille. Tatsächlich kennt dieses *hit driven business* viel mehr Verlierer als Gewinner. Schauen wir uns die aktuelle Situation bei mobilen Spielen an: Etwa drei Viertel des weltweiten Umsatzes wird von den Top-30-Spielen generiert.[12] Die weniger erfolgreichen Projekte geraten sehr schnell unter Druck, denn ihre Initialkosten sind ebenfalls hoch und nicht immer amortisiert. Über Erfolg oder Misserfolg entscheidet häufig nicht die Qualität oder Wertigkeit eines Produkts. Häufig liegen die Erfolgsfaktoren außerhalb des Einflusses der Entwickler und haben mit Plattformen oder inhaltlichen Trends zu tun. Man spricht vom *the winner takes it all*-Phänomen. Viele unterschätzen dieses Phänomen mit dem Ergebnis, dass ihre Firma nicht überlebt.

Diese Phänomene führen dazu, dass die Herstellung von Medienprodukten immer besonders riskant ist und bei den meisten Produkten der *break-even point* selten erreicht wird, während die besonders erfolgreichen Projekte sprichwörtlich durch die Decke gehen. Es ist ein offenes Geheimnis, dass diese Entwicklungen vor allem eines bewirken – große Heimatmärkte werden begünstigt. Denn wenn ein Akteur in einem Land wie China oder USA über einen großen homogenen Heimatmarkt verfügt, kann er den Risiken eine entsprechende Portfolio-Strategie entgegenstellen, die riskantere mit erfolgversprechenden Projekten bündelt. Das bedeutet nicht, dass das Qualitätsniveau der Importware aus den USA oder China höher wäre, das bedeutet lediglich, dass allein wegen der Größe des Heimatmarktes die Risikostruktur der Hersteller besser ist. Wir nennen das Nicht-Rivalität im Konsum. Axel Zerdick[13] hat dazu angemerkt, dass wir bei der Internet-Ökonomie nicht die Verwaltung des Mangels, sondern des Überflusses kennen.

Das Ganze wird nun noch verstärkt durch sogenannte Netzwerkeffekte – ökonomische: zum Beispiel sind alle bei Facebook, weil alle bei Facebook sind, was wiederum dazu führt, dass alle bei Facebook sind; und inhaltliche Netzwerkeffekte: so laufen beispielsweise alle in den James-Bond-Film oder laden sich das neue Angry-Birds-2-Spiel herunter, weil die Marke bereits so groß ist. Im Kinobereich – wo diese Überlegungen erstmals entwickelt wurden – spricht man vom Blockbuster-Effekt.[14] Auch sind die Projekte in der Regel bereits am Heimatmarkt amortisiert, bevor sie hier ankommen und mit unseren neuen Produktionen konkurrieren. Das hat vor allem Bill Gates ausgenutzt, als er MS-DOS und Office in den Markt brachte. Ein weiteres

Phänomen aus der Medienökonomie ist die Tatsache, dass wir bei diesen Produkten keine physische Abnutzung kennen.[15]

Die Gewinnstruktur medialer Produkte, ihre Funktion als Vertrauensgüter, ihre Risikostruktur und Netzwerkeffekte führen zu einer interessanten Konstellation: Der größte Anbieter hat überproportional hohe Gewinne, während sein Konkurrent, der einen vergleichbaren Kostenblock vor sich herschiebt, wesentlich weniger Einnahmen hat. Das heißt für uns: Der Erste auf dem Weltmarkt hat eine sehr hohe Gewinnspanne und ist bereits gegenüber dem Zweitplatzierten überproportional profitabel.

In der schnelllebigen digitalen Ära kann daraus der Schluss gezogen werden, dass man letztlich dann am besten operieren kann, wenn man eine weltweite Monopolstellung anstrebt. Hat man diese Monopolstellung dann inne, muss man wie Google oder Microsoft permanent behaupten, sie nicht zu bekleiden, um nicht Probleme mit dem Kartellrecht zu bekommen.[16] Aber natürlich ist eine solche Monopolsituation die Antwort darauf, dass man beliebig viele Exemplare produzieren kann. Peter Thiel sagt hierzu, dass man zehnmal besser sein muss als die Konkurrenz, um als Monopolist dauerhaft zu bestehen. Dann hat man aber sehr große wirtschaftliche Möglichkeiten.

Diese Überlegungen lassen sich ebenfalls auf die digitale Wirtschaft übertragen. Das Problem besteht heute darin, dass viele diese grundlegenden Prinzipien der Medien- und Internet-Ökonomie nicht verinnerlicht haben. Erkenntnisse wie das *the winner takes it all*-Phänomen gelten auch für die digitale Wirtschaft. Sie werden zunehmend in den Bereich Industrie 4.0. hineinwirken. Auch kann es nicht das politische Ziel sein, sich im Bereich der digitalen Wirtschaft nur auf die Fertigungsindustrie zu reduzieren und den Bereich Medien und IKT aufzugeben. Die Kommunikationsindustrie und -technologie (einschließlich des gesamten *Content*-Sektors) gehört genauso zum Kernbereich des traditionellen Standorts Deutschland wie der Maschinenbau, die Autoindustrie und Logistik. Dies gilt umso mehr, weil die Bereiche im

Zusammenhang mit der Digitalisierung immer stärker zusammen-wachsen. Industrie 4.0 bedeutet vor allem, dass die klassische Indust-rie anfängt, die Regeln der digitalen Wirtschaft zu verstehen und zu rezipieren. Industrie 4.0 ist auf keinen Fall der wichtigste Bereich der digitalen Wirtschaft, auch nicht in Deutschland. Hier wedelt der Schwanz mit dem Hund. Dies gilt umso mehr, als die Industrie-4.0-Debatte jede Form von Innovationsargumentation zu verdrängen scheint.

In der aktuellen Debatte um den Außenhandelsüberschuss Deutsch-lands gegenüber anderen Ländern sollte man nicht unterschätzen, dass die Zählweise, die wir im Rahmen der Bundesstatistik durchfüh-ren, selbst auf politischen Annahmen beruht. Wir legen besonderen Wert darauf, dass Produkte und keine Dienstleistungen gezählt wer-den. Ich kann mir vorstellen, dass man – gerade auch was den Außen-handelsüberschuss gegenüber den USA betrifft – zu ganz anderen Zahlen kommen würde, wenn man die Internet-Dienstleistungen, die wir importieren, anders in die Statistik einrechnen würde. Ich bin kein Statistikexperte, aber ich erinnere mich an interessante Debatten in diesem Zusammenhang. Bei Computerspielen ist ungeklärt, ob es sich um Dienstleistungen oder Produkte handelt. Die Antwort auf diese Frage hat erstaunliche Auswirkungen auf statistische Berechnungen zu Handelsbilanzen.

Der Gesichtspunkt „Größe führt zu mehr Größe" hat noch in anderem Zusammenhang Bedeutung. Die im Medienbereich zuerst gemachten Beobachtungen, dass der Vorteil des US-amerikanischen Kinos im Grunde an seinem großen homogenen Heimatmarkt liegt, ist auf die gesamte Internetwirtschaft übertragbar. Das bedeutet, dass sich die-ses Prinzip immer weiter auf die gesamte digitalisierte Wirtschaft aus-wirkt. Im Kern geht es dabei darum, dass sich die in großen Heimat-märkten entstehenden Kräfte leichter durchsetzen. Poolkonstruktio-nen, also Risikobegrenzungsstrukturen, haben im Bereich des Film-verleihs und natürlich im Publishing von Büchern, Filmen, Musik und

Computerspielen Niederschlag gefunden und funktionieren in großen Heimatmärkten einfach besser. Diese Prinzipien gelten letztlich auch für Internet-Konzerne wie Google, Facebook oder Microsoft. Ihre Stärke liegt also in ihrem großen, homogenen Heimatmarkt von über 300 Millionen potentiellen Kunden. Damit sind sie, wenn es um den Weltmarkt geht, immer schon mal ein Stück weiter als vergleichbare Unternehmen aus Deutschland, die in ihrem homogenen Heimatmarkt maximal 80 Millionen Menschen erreichen können. Das bedeutet auch, dass Länder wie Russland oder China Deutschland strukturell bedingt strategisch überlegen sind.

Für mich ist diese Erkenntnis vor allem ein Trost. Uns ist es in Deutschland deshalb nicht gelungen, eine weltweite Internetwirtschaft aufzubauen, weil wir dafür eben nicht die markttechnischen Grundvoraussetzungen haben. Es liegt nicht daran, dass wir zu schlecht sind, oder zu einfältig, zu wenig begabt oder ausgebildet. Sondern es liegt im Kern daran, dass in einer Zeit, in der das Prinzip „Größe führt zu mehr Größe" in besonderem Maße von Bedeutung ist, unsere eigene Basis nicht mehr ausreicht. Deshalb ist die Idee der EU-Kommission, einen gemeinsamen europäischen digitalen Markt zu schaffen, absolut richtig. Ob das aber gelingen wird, steht auf einem anderen Blatt. Denn die durch die Sprachunterschiede hervorgerufenen Kulturunterschiede innerhalb Europas sind doch erheblich. Das können wir an der kleinen Schweiz, die fast 800 Jahre besteht, sehr gut exemplarisch erkennen. Hier sind nach wie vor kulturelle Unterschiede innerhalb der unterschiedlichen Schweizer Volksgruppen deutlich erkennbar, und diese wirken sich auch ökonomisch aus.

Diese ökonomischen Überlegungen sind für die Begründung von Filmfördersystemen und Medienfördersystemen alltäglich. Sie auf die gesamte Internet-Ökonomie und die gesamte digitalisierte Wirtschaft zu übertragen ist jedoch relativ neu. Deshalb möchte ich noch darauf hinweisen, dass die deutschen Fördersysteme für die Filmwirtschaft und auch möglicherweise die angedachten Fördersysteme für die Computerspiele-Produktion zunehmend den Gesichtspunkt der im eigenen Land entwickelten *intellectual property rights* (IP) aus den Augen verlieren. Diese so genannte IP-lose Produktion, bei der lediglich die Produktionsdienstleistung am Ort unterstützt wird, aber nicht darauf geachtet wird, dass Inhalte entstehen, von denen unser Land nachhaltig wirtschaftlich und kulturell profitieren kann, ist eine nicht unbedenkliche Entwicklung.

Die Risiken sind enorm und umso größer, wenn Technologie vorgehalten werden muss. Förderung würde die Risikostruktur verbessern, um kleine und mittelgroße Heimatmärkte in der Digital- und Medienproduktion wettbewerbsfähig zu halten. Eine starke Medien- und Digitalwirtschaft hat große Auswirkungen auf die kulturelle Selbstbehauptung in der Demokratie, sie hat starke technologische Implikationen. Sie schafft hochwertige und spannende Arbeitsplätze. Deshalb ist die kulturelle Funktion digitaler Medien immer auch unter wirtschaftlichen Gesichtspunkten zu betrachten. Auch Angry Birds wäre ohne die 40 erfolglosen Titel zuvor, von denen einige öffentlich gefördert wurden, nicht entstanden.

Fassen wir die Ergebnisse zusammen:

- Wichtige Prinzipien aus der Medienwirtschaft sind als Blaupause auf eine digitalisierte Gesamtwirtschaft übertragbar.

- Größe führt zu mehr Größe. Zwar kann man Ähnliches in der normalen Industrie beobachten, in der Medienindustrie geht es jedoch ungemein schneller und radikaler zu.

- Aber wir haben auch andere Regeln gesehen, etwa das *nobody knows*-Phänomen, Aspekte der Kultur und Qualität sowie Besonderheiten, die durch Kuppelprodukte und Substitution entstanden sind.

- Weiter gibt es öffentliche Aufgaben im Zusammenhang mit der vierten Gewalt, den Medien.

REVOLUTIONEN

Als 1789 die französische Revolution ausbrach, so berichtet uns Talleyrand in seinen Memoiren[1], erstattete der Herzog de La Rochefoucauld König Louis XVI. Bericht: „Sire, die Bastille wurde eingenommen." Der König fragte: „Genommen? Aber von wem?" Darauf antwortete der Herzog: „Durch das Volk, Sire." Da fragte der König: „Ist es eine Revolte?" Der Herzog de La Rochefoucauld antwortete: „Nein, mein König, es ist eine Revolution."

Es ist einige Jahre her, da besuchte ich im politischen Berlin eine Veranstaltung zum Thema Öffentlichkeitsarbeit der Bundesregierung. Es war vielleicht Anfang 2014 und aktuelle Zahlen waren veröffentlicht worden: Der *digital shift* hatte gerade die Printindustrie überrollt. Ich fragte den Regierungsvertreter, wie sich die Bundesregierung denn zum Printsterben verhalte. Was jetzt aus der vierten Gewalt werde, wenn die großen Tageszeitungen Personal abbauen müssten. Die verblüffende Antwort des Regierungsvertreters war: „Wir hoffen, dass es wieder besser wird." Ich habe die Veranstaltung damals mit Bauchschmerzen verlassen. Offenbar war damals noch nicht verstanden worden, wie groß die Auswirkungen des digitalen Wandels auf die Printindustrie sein würden. Mein Eindruck ist, dass die Verantwortlichen in der Politik das Problem mittlerweile ernster nehmen.

Die Digitalisierung hat die weltweite Medienwirtschaft in den vergangenen 20 Jahren wie eine Feuerwalze überrollt. In der Musikindustrie ist mit dem Portal Napster die Digitalisierung in unser aller Leben getreten und seitdem nicht mehr verschwunden. Nach der Musikindustrie hat es die Filmindustrie und danach die Computerspielbranche erwischt. Zuletzt kam der Printsektor an die Reihe. Durch Piraterie entstanden Millionenverluste. Anders als den vormals analogen Teilbranchen ist es der Spiele-Industrie – obwohl sie auch arg gebeutelt wird – jedoch gelungen, mit serverbasierten *Online Games* ein Modell zu entwickeln, mit dem sie sich halbwegs robust gegen Piraterie wehren konnte. Anders als gemeinhin angenommen, ist Piraterie jedoch kein Problem von Unrechtsbewusstsein und Kriminalität, sondern von zivilisatorischem Fortschritt. Und die Disruption zwischen analogen und digitalen Medieninhalten schafft viele Freiräume. Nichtdestotrotz gibt es Probleme.

Wenn wir uns die Geschichte großer Revolutionen wie der französischen oder russischen im Detail ansehen, stellen wir fest, dass diese aus mehreren Revolutionen bestanden. Die französische Revolution begann mit der Revolution der Jakobiner, die dann abgelöst wurde von anderen, weniger radikalen Kräften und nach über einem Jahrzehnt in der napoleonischen Zeit endete. Auch die russische Revolution bestand aus unterschiedlichen Revolutionen, die zu verschiedenen Zeiten des Jahres 1917 stattfanden. Zu Beginn war längst nicht entschieden, dass die radikalen Bolschewiken letztlich gewinnen würden.

Wenn eine Revolution ein kompletter Umsturz aller existierenden Strukturen ist, lässt sich dieser Begriff auch auf die Digitalisierung anwenden, was auch geschieht. Immerhin handelt es sich hier um ähnliche Umwälzungen, die in besonderem Maße Herrschaftsstrukturen verändern. Diese Veränderung von Herrschaftsstrukturen kennt in der Regel Gewinner und Verlierer. Diese Veränderungen führen zu großen Ängsten – vor allem in den Teilen der Bevölkerung, die diese Veränderung hautnah zu spüren bekommen könnten, aber mangels Know-how und Wissen keine Möglichkeit haben, sich aktiv in den Prozess einzubringen.

Viele der digitalen Immigranten in Deutschland, also die Gruppe der über 45-Jährigen, sagen über sich: „Das lerne ich jetzt nicht mehr. Das sollen Jüngere machen." Gleichzeitig möchten sie aber die finanziellen und wirtschaftlichen Herrschaftsstrukturen aufrechterhalten. Ein Gegenentwurf ist ein Land wie Tunesien, in dem eine politische Revolution mithilfe von Facebook organisiert wurde und in dem es bei einer Bevölkerungszahl von acht Millionen fünf Millionen registrierte Facebook-Nutzer gibt. Anhand dieser Zahlen versteht man, dass es Länder gibt, in denen der Umgang mit der digitalen Revolution wesentlich

friktionsfreier vonstattengeht als in Deutschland. Das hat ganz sicher
auch negative Folgen. Bei uns ist die Debatte eher von großen Ängsten
bestimmt, etwa davor, dass die Jugend von heute in digitaler Demenz[2]
versinke und vergesse, im Garten zu spielen.

Wenn wir uns mit der Digitalisierung befassen, sind Computerspiele
ein interessantes Beispiel in der Blaupause. Computerspiel-Entwickler sind kreative Unternehmer mit technischem Know-how. Sie müssen sowohl kreativ-künstlerisch wie auch technisch begabt sein – und
gleichzeitig müssen sie gute Geschäftsleute sein. In der Tat ist die Entwicklung von Geschäftsmodellen innerhalb der Spiele-Branche sehr
gut geeignet, um zu veranschaulichen, was wir in der Digitalisierung
erleben: Denn anhand dieses Beispiels stellen wir zunächst fest, dass
wir die Geschichte der digitalen Revolution in drei Akte einteilen können.

Erster Akt: In der alten Zeit vor der Digitalisierung des Vertriebs wurden Computerspiele auf CD gebrannt und in Läden in Kartonverpa-
ckungen verkauft. Das gibt es auch heute noch, aber vor 15 Jahren galt
das für fast alle Computerspiele. Der Entwickler, der einem Filmpro-
duzent nicht unähnlich ist, entwickelt mögliche Computerspielpro-
jekte und stellt sie *Publishern,* also speziellen Verlagen, unter Zuhilfe-
nahme eines spielbaren Prototyps – den er auf eigene Kosten entwickelt hat – vor.

Da er den Prototyp entwickelt hat, verfügt er in der Regel nur noch
über sehr geringe eigene Ressourcen und ist demzufolge bereit, jeden
Vertrag zu unterschreiben, der im angeboten wird. Der Spiele-*Publis-
her* finanziert dann die Fertigstellung des Computerspiels, um es auf
den Markt zu bringen. Das Geschäftsmodell ist dem in der Musikbranche und beim Kinofilm, wo ebenfalls mit Vorschüssen auf prozentuale Einnahmen gearbeitet wird, vergleichbar. Dieser sogenannte
Advance against Royalty-Deal erlaubt es den Computerspiel-*Publishern,*
bis zum vollständigen *Recoupment* – der Rückgewinnung der Ausgaben – die prozentuale Beteiligung an die Spieleentwickler zurückzu-

behalten. Im Ergebnis sind Vorschüsse häufig die einzigen Zahlungen, die Computerspiel-Entwickler für das von ihnen erdachte Computerspiel erhalten. Die Einnahmen werden mit den Vorschüssen verrechnet. Wenn das Computerspiel kein besonders großer Erfolg wird, gibt es gar nichts.

Das erinnert sehr an die Zeit des analogen Wirtschaftens, als es einen Vorteil darstellte, große Vertriebsstrukturen zu unterhalten. Das Kostenintensive am Computerspiel-Publishing jener Tage war, dass man ein kleines Heer von Verkäufern unterhalten musste, die als Vertreter persönlich von Geschäft zu Geschäft fuhren und die Computerspiele dort platzierten.

Zweiter Akt: Ab Mitte des ersten Jahrzehnts des neuen Jahrtausends digitalisierte sich der Vertrieb von Computerspielen und die Vertriebsstruktur nahm neue Formen an. Nun wurden Computerspiele vermehrt übers Internet angeboten und die neue Generation der Gamer registrierte sich online. Technisch wäre das schon früher möglich gewesen, und kleine Gruppen nutzten solche Angebote schon länger. Aber in der Breite waren Online-Computerspiele noch nicht im Massenmarkt angekommen. Schon im ersten *dotcom boom* hatte sich hierzulande mit Moorhuhn ein Online-Game breit etablieren können. Aber der Moorhuhn-Erfolg war nicht von Dauer und verschwand mit dem Platzen der Dotcom-Blase.

Plötzlich, wie von Geisterhand bewegt, drehte der Markt. Jetzt änderte sich alles und für immer. Um den Umbruch genau zu verstehen, muss man akzeptieren, dass nicht unbedingt die technischen Innovationen den entscheidenden Impuls für die Digitalisierung gesetzt haben, sondern dass sich das Verhalten des Massenmarktes als eigenständiges Phänomen positionierte. Wann und wieso breite Nutzerschichten plötzlich online gehen, kann man nicht vorhersagen, nur an den technischen Möglichkeiten liegt es jedenfalls nicht. Ein Zusammenhang besteht schon eher mit der Substitutionsmöglichkeit, wie wir Medienökonomen sagen, also der Möglichkeit, die eigene Lösung durch etwas Besseres ersetzen zu können: In diesem Fall die Möglichkeit, online mit anderen Menschen gegeneinander zu spielen. Und es sind natürlich ökonomische Faktoren, die – legal oder illegal – aus der Sicht der Nutzer eine ganz wichtige Rolle spielen. Wenn eine Variante viel billiger ist, werden die Nutzer diese wählen.

Wenn wir genau überlegen, was dazu geführt hat, dass *Online Games* in Deutschland massenmarkttauglich wurden, dann kommen wir am Phänomen der *Browser Games* nicht vorbei. Zunächst war das nur eine kleine *Community* von deutschen Entwicklern, die Computerspiele produzierten, die man direkt im *Browser* spielen konnte, ohne dass man zuvor ein Steuerungsprogramm auf seinen Rechner herunterladen musste. Der enorme Vorteil dieses Angebots war, dass man ohne Datenspuren zu hinterlassen während der Arbeit oder ohne sich einen Virus einzufangen online Computerspiele spielen konnte. Die Eintrittsschwelle für die Spieler war wesentlich niedriger. Diese Idee hat in Deutschland sehr gut funktioniert, denn die deutschen Nutzer sind sehr konservativ und haben große Furcht vor Viren und der Überwachung am Arbeitsplatz.

Als 2006 die Firma Bigpoint mit dem Fernsehsender SAT.1 während der Fußballweltmeisterschaft einen *revenue share deal* einfädelte, bei dem nicht geschaltete Fernsehwerbeplätze – private Fernsehsender haben während der Fußballweltmeisterschaft, die in Deutschland im öffentlich-rechtlichen Fernsehen stattfindet, jede Menge davon – für Bigpoint zur Verfügung standen und die darüber generierten Umsätze zwischen Sender und Bigpoint geteilt wurden, hatten die *Browser Games* ihren Durchbruch. Nach der Fußballweltmeisterschaft zählte Bigpoint gleich mehrere Millionen User, eine in dieser Dimension neue Größenordnung. Um Bigpoint und den Hauptkonkurrenten Gameforge herum entwickelte sich zwischen 2006 und 2010 eine globale Industrie mit mehreren hundert Millionen Usern. Von Deutschland aus entstanden weltweite Expansionspläne wie zum Beispiel für den Nahen Osten und Südamerika. Das waren die goldenen Zeiten.

Für uns ist wichtig, dass die eigentlichen Vorteile für die Computer-spiel-Firmen darin bestanden, dass sie unmittelbar mit dem Endnut-zer kommunizieren konnten. Diese direkte Verbindung zum Nutzer bzw. Kunden ist außerordentlich bedeutsam, denn sie garantiert die Datenhoheit. In derselben Zeit wurde der klassische Vertrieb weltweit mehr und mehr durch den Online-Vertrieb abgelöst. Im Jahr 2008 kippte die überkommene Vertriebsstruktur und das neue Modell, bei dem der Spiele-Entwickler unmittelbar mit dem Nutzer in Verbin-dung trat, wurde immer wichtiger.

Digital Shift im Games-Segment

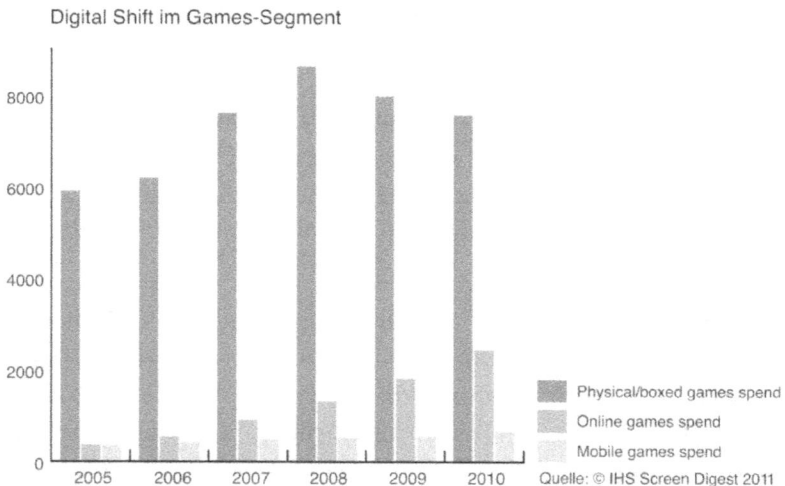

Quelle: © IHS Screen Digest 2011

Aber auch die Computerspiele selbst veränderten sich durch die neuen Geschäftsmodelle signifikant. Die Erlebnisse entwickelten sich von der Narration zur virtuellen Welt. Insbesondere gab es die Mög-lichkeit, dass mehrere Akteure gleichzeitig im selben Spiel gegenei-nander spielten. Man spielte also nicht mehr gegen die Maschine, son-dern virtuell gegen andere reale Spieler. Diese sogenannten Mul-tiplayer-Versionen hatten noch einen weiteren Effekt: Durch sie wurde die reale Welt um eine virtuelle Welt erweitert.

Das neue Geschäftsmodell hieß *free to play*. Es entstand auf der Basis
der im Internet verbreiteten *follow the free*-Strategie. Demnach werden
Computerspiele im Internet zunächst kostenlos angeboten. Im Laufe
des Spiels werden an bestimmten Stellen zusätzliche virtuelle Gegen-
stände oder andere Spielvorteile gegen Geld verkauft. Nur etwa ein
bis fünf Prozent der Spieler nutzen diese Möglichkeit, die anderen 95
bis 99 Prozent spielen kostenlos. Diese Strategie veränderte den Inhalt
der Computerspiele, denn nun musste man plötzlich Welten entstehen lassen, in denen man an bestimmten Stellen Geld verlangen
konnte. Dieses Modell ist in Südkorea entwickelt worden[3], und es ist
uns gelungen, es in Deutschland schneller zu implementieren als in
anderen Teilen der westlichen Welt (insbesondere in den USA). Für
mich ist dies ein deutlicher Beweis dafür, dass wir Europäer mit Ostasien stärker direkt zusammenarbeiten sollten. Wir können nur lernen. Umgekehrt sollten die Ostasiaten aufhören, ihre Europa-Offices
an die US-Headquarter anzuhängen. Europa ist als Markt und Standort bedeutsam genug.

Kritiker der Digitalisierung trennen gerne aus traditioneller Sicht zwischen realer Welt und virtueller Welt: Die übermäßige Nutzung digitaler Angebote führe zu einem Verlust des Realen. Aus meiner Sicht
ist diese Unterscheidung ein großes Missverständnis. Die reale Welt
wird um die virtuelle Welt erweitert. Wir leben natürlich weiterhin in
einer Welt, in der gibt es aber eine reale und eine virtuelle Kompo-
nente. Dies gilt in besonderer Weise für Computerspiele, die nur zur
Freude des Nutzers geschaffen wurden.

Auch die Tatsache, dass sich im Lauf der Zeit eine spezialisierte Werbeindustrie entwickelt hat, spielt eine große Rolle. In Online-Spielen
besteht die Möglichkeit, über Werbebanner Computerspiele anderer
Computerspielportale zu bewerben. Online-Gamer rufen ständig
neue Webseiten auf. Schnell entwickelten sich Agenturen, die diese
Werbebanner schalteten, bis sich der Spieler im neuen Game regis-
triert hatte. Die Agentur übernimmt damit das Risiko, neue Spieler zu

generieren – und zwar, in dem sie so lange Werbung schaltet, bis letztlich ein Nutzer angebissen hat. Anders ausgedrückt: Im Online-Gaming kann man Spieler kaufen.

Vor einigen Jahren führte ich auf der re:publica ein Gespräch mit einem Journalisten. Der hatte sich in einem schmerzhaften Abnabelungsprozess von der Print-Industrie getrennt und sich mutig eine Webseite zugelegt, um darauf zu bloggen. Als ich mit ihm ins Gespräch kam, fragte ich ihn, wie er denn gedenke, Nutzer auf seine Seite zu holen. Er erklärte mir – aus seiner Sicht völlig legitim –, er würde einfach interessante Inhalte anbieten, dann würden die Nutzer schon kommen. Ich sagte, er solle das doch so machen wie in der Spiele-Industrie. Dort würde man sich die Nutzer kaufen. Ich glaube, er hat mich bis heute nicht verstanden.

Im Laufe der Jahre hat die Werbeindustrie, die den Nutzerhandel betreibt, große Bedeutung erlangt. Denn hier ist ja der entscheidende Faktor für den Erfolg des Computerspiels begraben. Wenn man viele Nutzer kaufen kann und die Vervielfältigung des Produktes kostenlos ist, dann kann man logischerweise allein durch mehr Nutzer höhere Margen generieren. Man muss nur noch erreichen, dass jeder zahlende Nutzer statistisch mehr Geld ausgibt, als die Nutzer-Akquisition kostet. Wir sprechen hier von Konversion. Im Laufe der Zeit kamen immer mehr Spieler aus aller Herren Länder dazu und verstopften die Kanäle. Deutschland verlor schnell seine Vormachtstellung wieder.

Bevor wir uns genauer mit den mobilen Plattformen und ihren spezifischen Effekten befassen wollen, möchte ich noch eine Bemerkung machen: Die Zeit der Online-Revolution zwischen 2002 und 2010 – zu unterschiedlichen Zeitpunkten in verschiedenen Medien – ging einher mit der durch Internetpiraterie betriebenen Entwertung von bezahlbaren oder zu bezahlenden Inhalten. Tim Renner hat als einer der Ersten festgestellt, dass die Internet-Revolution vor allem dazu geführt hat, dass Menschen weniger bereit sind, für Inhalte zu bezahlen[4] und in der Konsequenz weniger Inhalte nutzen. Wir konsumieren weniger Musik und versuchen zweitens immer intensiver, kostenlose Lösungen zu finden.

Zugleich gab es eine andere Bewegung, die wir als *Open Source*-Bewegung bezeichnen können. Diese *Community*, die sich letztlich nicht über Geld, sondern über Peer-Strukturen definiert, mit Idolen wie Linus Torvalds David-gegen-Goliath-Spiele organisierte und Unternehmen wie Microsoft das Fürchten lehrte, erzwang eine gewisse Offenheit des Internets. Diese Offenheit des Internets hatte viele Vorteile. Dies gilt insbesondere für Europa. In Deutschland und Schweden zum Beispiel konnte sich die gut ausgebildete digitale Elite Freiräume verschaffen. Sie konnte etwa einen direkten Zugang zum Endkonsumenten organisieren, ohne sich in die Kontrolle amerikanischer Konzerne begeben zu müssen. Es ist ein Problem, dass die globalen Monopolisten in jeder Stufe der Wertschöpfungskette die Hand aufhalten; wesentlich bedeutsamer ist jedoch, dass sie die Endnutzerdaten kanalisieren können. Ich bin traurig, dass die zwischen den Jahren 2000 und 2015 starke *Open Source*-Bewegung in Europa in den letzten Jahren an Momentum verloren hat. Viele kleine Hände brachten doch ein erstaunliches Ergebnis hervor. Jedenfalls hat die Online-Revolution zu einer Stimmung geführt, in der alles möglich schien. Und das hat auch hier in Deutschland zu einem enormen Schub beigetragen.

Ich möchte nicht missverstanden werden: Standards sind sinnvoll. Wir erinnern uns nur ungern an die Zeiten zurück, in denen verschiedene Textverarbeitungsprogramme nicht interoperabel waren. Heute benutzt fast jeder MS Word, und deswegen können wir Texte sehr leicht von einem zum anderen weiterschicken. Rechnungen werden heute häufig im pdf-Format versandt und nicht mehr ausgedruckt. Wenn also Monopolisten für eine Vereinheitlichung sorgen, bei den Preisen keinen Missbrauch betreiben und keine zum Beispiel datenschutzrechtlichen Hintertüren offenlassen, dann könnte man fast versucht sein, sich in bestimmten Bereichen auf ein Monopol zu einigen. Problematisch ist jedoch, dass diese Entwicklungen sehr missbrauchsanfällig sind. In der Vor-Snowden-Zeit wäre man vielleicht noch zu einer anderen Einschätzung gelangt, aber heute wissen wir, dass nicht sicher ist, ob das massenhafte Scannen von Daten durch die US-amerikanischen Geheimdienste auch zur Wirtschaftsspionage verwendet wird. Und da wir gegenwärtig bedauerlicherweise noch weniger Vertrauen in die US-Regierung haben können als noch zu Obamas Zeiten, ist diese Entwicklung besonders besorgniserregend. Ich möchte an dieser Stelle weder in verschwörungstheoretische Ausführungen verfallen noch die Augen verschließen.

Dritter Akt: Zunächst unbemerkt drehte sich ab 2008 der Markt erneut in einer Weise, die niemand erwartet hatte: Die mobile Revolution begann. Menschen, die sich dem Thema Digitalisierung nähern, vergessen häufig, dass wir in den letzten zehn Jahren zwei unterschiedliche Revolutionen hinter uns gebracht haben. Einerseits die Digitalisierung der Distribution über das Internet als erste digitale Revolution. Und dann die zweite Umwälzung mit dem Weg auf mobile Plattformen.

An Deutschland ging diese Entwicklung zunächst weitgehend vorbei. Zu dieser Zeit hatte ich eine Beteiligung an einem Unternehmen, das – letztlich vergeblich – versuchte, einen internationalen Handel mit *Online Games* aufzubauen. Ich erinnere mich noch genau, wie ich meinen Mitgesellschaftern eröffnete, dass sich nach meiner Einschätzung der Markt nun auf mobilen Geräten weiterentwickeln würde. „Ach Malte", sagten sie zu mir, „was willst Du denn jetzt schon wieder. Wir haben doch mit *Online* und *Browser Games* alle Hände voll zu tun." Man war hierzulande nicht bereit, die neuerliche Entwicklung mitzugehen. Aus europäischer Sicht ist vor allem Finnland für dieses Segment relevant. Hier gibt es die europäischen Shootingstars wie Rovio und Supercell. Diese spielen wirklich weltweit ganz oben mit. Das hat sicher auch damit zu tun, dass es in den nordischen Ländern sehr viel Know-how im Bereich *mobile* gibt und das ganze Wirtschaftssystem darauf eingestellt ist.

Mit der mobilen Revolution haben sich die Dinge nämlich wieder grundsätzlich verschoben. Das neue Geschäftsmodell auf den mobilen Plattformen war aus Sicht der Computerspiel-Entwickler sehr positiv. Auch schon vor der mobilen Revolution hatten einige Computerspiel-Entwickler versucht, Spiele für das Handy zu bauen. Aber die Telekom-Konzerne hatten ein Monopol auf den Vertrieb dieser Spiele. Man konnte sie nur von den Portalen der *Operator*, also Deutsche Telekom, Orange oder Vodafone etc., herunterladen. Und da die Telekoms traditionell wenig Sinn für Produzenten haben, hatten sie auch kein Bedürfnis, ihnen große Margen zu gönnen. Sie behielten mehr als die Hälfte des Kuchens ein, um ihre Investitionen in anderen Bereichen zu finanzieren. Die Entwickler der Computerspiele mussten mit weniger als einem Viertel der Einnahmen die gesamte Produktion der Computerspiele auf Handys realisieren und das Risiko dafür tragen. Kein Wunder, dass sehr viele Entwickler von Handyspielen vor der Einführung des iPhones insolvent gingen.

Das iPhone hat Grundsätzliches verändert. Plötzlich wurde es möglich, über den *App Store* Computerspiele herunterzuladen, ohne dabei die anderen Akteure – insbesondere die *Operator* – überhaupt zu berühren. Auch hier wurde der Mittelsmann herausgeschnitten – wie zuvor bei der digitalen Revolution im Online-Segment die klassischen, analogen Vertriebe. Dieses Mal traf es die Telekommunikationskonzerne. Sie wurden aus der Wertschöpfungskette ausgeschlossen.

Stattdessen haben die *App Stores* die Kontrolle übernommen. Insbesondere lässt der Apple *App Store* keine Drittanbieter zu und nimmt über interne Ratingsysteme die Priorisierung der Inhalte vor. Ironischerweise ist das unfreie System von Apple besser für die Einnahmen der Entwickler. Hier lässt sich gerade wegen der geschlossenen *end-to-end*-Struktur als *Content*-Anbieter effizienter Geld verdienen, wenn auch zu etwas seltsamen Bedingungen. Ich werde nie vergessen, wie ich um das Jahr 2010 ein Gespräch zwischen zwei *mobile game*-Entwicklern anhörte. Der eine sagte zum anderen: „Apple ist schon ein komischer Laden, sie haben uns bislang neun Millionen Dollar überwiesen, aber wir kennen dort niemanden, sondern nur die allgemeine, nicht personalisierte E-Mail-Adresse für Entwicklerkontakte." Technisch ist es schwer, den für die Werbung wichtigen Tracking-Pixel zu implementieren. Ein Tracking-Pixel ist das für den Verbraucher unsichtbare technische Signal, das in der Online-Kommunikation versteckt die Verfolgung der Werbeanzeigen zur Abrechnung derselben erst ermöglicht. Hier muss man über einen Spezialserver gehen.

Im offeneren System von Google Play ist die Möglichkeit einer Fremdbeeinflussung viel stärker. Hier gibt es – wie im Online-Bereich – mehr Verdienstmöglichkeiten für *Traffic* und *Payment Provider*, die Hersteller können daher weniger verdienen. Spieleentwickler können auf Google Play für dieselbe App weniger erlösen als über den Apple *App Store*.

Was können wir nun von dem Blick in die Historie lernen? Einerseits haben wir es nicht mit einer digitalen Revolution zu tun, sondern mindestens mit zweien – zunächst mit der Internet-Revolution und dann mit der mobilen Revolution. Beide funktionieren nach unterschiedlichen Gesetzmäßigkeiten. Das gilt insbesondere für die unmittelbare Akquisition von Nutzern: Im Internet ist es möglich, direkt mit Fans in Kontakt zu treten, während der *App Store* sich wie eine Plattform dazwischenschiebt. Das hat Vor- und Nachteile.

Wann die digitale Revolution zuschlägt, kann man allerdings nicht einschätzen. Letztlich ist die Veränderung dieser Strukturen eine Entscheidung der Konsumenten. Und der Nutzer ist als Massenphänomen vollkommen unberechenbar. Natürlich müssen die technischen Gegebenheiten vorliegen. Es müssen nutzerfreundliche Lösungen vorhanden sein. Weiter müssen die finanziellen Rahmenbedingungen stimmen und der Wechsel zu digitalem *Content* muss Vorteile haben. Das können wir auch außerhalb der Medienwirtschaft beobachten, wie in der Luftfahrt, wo der digitale Vertrieb Preisvorteile für den Endnutzer gebracht hat. Wann sich aber der Nutzer in der Masse für die digitale Nutzung entscheidet, kann man nicht vorhersagen, und erzwingen kann man es schon überhaupt nicht. Ein gutes Beispiel ist die Print-Industrie, in der 2013 der *digital shift* zugeschlagen hat. Viele Tageszeitungen und insbesondere die freiverkäuflichen Boulevardzeitungen gerieten unter Druck. Ein wichtiger Grund hierfür war die Teilsubstitution durch Tablet-Computer, allen voran das iPad, das quasi zeitgleich auftauchte.

Die Probleme Deutschlands mit der Digitalisierung hängen auch mit der Positionierung unseres Landes als „Mittelmacht"[5] im Zeitalter der Globalisierung zusammen. Wir sind häufig zu klein, um aus uns selbst heraus weltweit relevant zu sein; zugleich sind wir aber ein großer Markt – zum Teil wesentlich größer als andere europäische Länder. In vielen Fragen kann unser Markt eigene „Insellösungen" finanzieren; gleichzeitig sind wir ein wichtiger Markt für internationale Konzerne – der wichtigste in Europa. In diesem Zielkonflikt – nationale (bzw. europäische Lösung unter deutscher Vorreiterrolle (z.B. Xing)) versus klar defensiver Positionierung unter der Akzeptanz nordamerikanischer oder asiatischer Standards (z.B. LinkedIn) – befindet sich Deutschland, und das macht es schwerer, aber nicht unmöglich, mittel- und langfristige strategische Ansätze zu realisieren.

Die häufig vorgetragene Ansicht, der „Zug sei abgefahren", ist nicht richtig. Deutschland ist das „Land der Ingenieure", in dem sehr viele Innovationen erfunden wurden, nur ihre Vermarktung und Produktorientierung gelingt weniger häufig. Große Erfindungen im Bereich der Kommunikationstechnologie stammen von hier, seit Johannes Gutenberg den Buchdruck erfand. Den ersten Computer baute Konrad Zuse in Deutschland und das das Telefon wurde von Johann Philipp Reis, einem hessischen Volksschullehrer, erfunden; aber Alexander Graham Bell griff die Erfindung auf und entwickelte sie zu einem Produkt. Viele der technischen Elemente des iPhone kommen genauso aus Deutschland wie sein Design. Nur die Verknüpfung zwischen Design und Technologie und deren Vermarktung konnte in Deutschland nicht geleistet werden, sondern nur von Apple, weil hierzulande ein zu enger Innovationsbegriff vertreten wird.

Die Digitalisierung ist ein Thema, mit dem sich Deutschland gegenwärtig schwertut. Das war nicht immer so, und das muss nicht immer so bleiben. Deshalb sollten wir mit Selbstbewusstsein und Zuversicht an die Thematik herangehen und unsere nun allgemein festgestellte Schwäche zielgerichtet und systematisch abbauen.

Fassen wir die Ergebnisse zusammen:

- Es gibt nicht nur eine digitale Revolution, sondern mehrere.

- Neben die Internet-Revolution tritt die mobile Revolution. Wir beobachten unterschiedliche Gesetzmäßigkeiten.

- Wann der *digital shift* zuschlägt, ist kaum vorherzusagen.

UNTERNEHMER

Frank[1] ist der perfekte Unternehmer. Er hat eine Firma mit 15 bis 20 Mitarbeitern in einer großen deutschen Stadt. Er verfügt über herausragende Fähigkeiten, Mitarbeiter zu führen und zu begeistern. Seine Mitarbeiter lieben ihn, sie gehen für ihn durchs Feuer. Frank hat noch nie eine Krankenbescheinigung angefordert. Die Mitarbeiter kommen manchmal zu spät, aber sie bleiben ohne Murren länger, bis die Tagesarbeit getan ist. Frank überweist allen Mitarbeitern pünktlich das Gehalt – so werden jeden Monat Tausende von Euro ausgezahlt. Franks Unternehmen steht für pünktliche Lieferung und hohe Qualität. So kommen neue Aufträge herein. Wenn aber mal wieder ein großer Kunde nicht zahlt und hohe Forderungen offen bleiben, dann ist Frank der Erste, der auf sein Gehalt verzichtet. Er lebt bescheiden und investiert alles, was er verdient, wieder in sein Unternehmen. Eigentlich ist er Künstler, aber seine Form von Kunst konnte er nur durch die Gründung eines Unternehmens umsetzen. Frank hat sehr viele glückliche Kunden, regelrechte Fans. Immer wieder kommen aus der ganzen Welt ernsthafte Anfragen von anderen, größeren Unternehmen, die seines aufkaufen wollen. Aber er will gar nicht verkaufen, denn das Unternehmen ist ja sein Leben. Auch die Politik schmückt sich mit dem vielfach preisgekrönten Künstler. Sein Foto ist in der Standortbroschüre des Bundeslandes abgedruckt. Wenn der Ministerpräsident verreist, kann es passieren, dass Frank mit auf Reisen geht – und einen Preis als Unternehmer des Jahres hat er ebenfalls schon entgegengenommen.

Wenn Frank nach Hause geht, lassen ihn die Sorgen nicht los. Er ist selbstständig und arbeitet daher selbst und ständig. Er operiert immer mit drei bis sechs Monaten Vorlauf. Bis jetzt ist das immer gutgegangen, aber manchmal wird es knapp. Das schnelle Geschäft in der digitalen Kreativwirtschaft lässt nicht viel Spielraum zu. Er hat immer Aufträge, aber der Cashflow ist unregelmäßig. Seit ein paar Jahren vermietet er die Wohnung seiner Freundin, die zu ihm gezogen ist, nebenbei über Airbnb an Touristen. Von diesen Einnahmen konnte und musste er fast ein Jahr lang leben, denn in dieser Zeit gab es mal wieder ein oder zwei Kunden, die viel zu spät zahlten, sodass Frank sich sein Gehalt nicht auszahlen konnte. So fuhr er einmal in der Woche in die Mietwohnung, um zu putzen, die Betten neu zu beziehen und sich anschließend an den Rechner zu setzen, um die neuen Anfragen zu beantworten. Seine Mitarbeiter wussten davon natürlich nichts, sie erhielten pünktlich ihr Gehalt, ihre Sozialabgaben wurden abgeführt, damit sie eine sichere Rente haben. Frank hingegen hat keine Rente und manchmal auch keine Krankenversicherung. Aber er zahlt natürlich jede Menge Steuern.

Das ist eine ganz alltägliche Geschichte aus Deutschland – auch wenn ich mich unterschiedlicher Unternehmerbiographien, die mir über die Jahre begegnet sind, bedient habe. Die Wirklichkeit des Unternehmertums ist vielen Menschen, die über Unternehmertum schreiben und sprechen, verborgen geblieben. Viele, sehr viele Unternehmer – gerade im Bereich der digitalen und kreativen Wirtschaft – sind mindestens einmal im Jahr in der Insolvenzzone. Mitten in Deutschland. Und zwar in der Regel nicht deshalb, weil sie faul waren oder schlechte Arbeit geleistet hätten, sondern weil diejenigen, die innerhalb der Wertschöpfungskette an sie zahlen sollten, spät oder gar nicht zahlen.

Unternehmer, die in Deutschland den Mut haben, neue Wege einzuschlagen und noch unentwickelte Märkte anzugehen, werden in der Regel allein gelassen. Echte Innovatoren sind in Deutschland häufig ganz auf sich gestellt. Förderungen erreichen sie in der Regel nicht. Viele sagen, dass wir Unternehmer brauchen; aber kaum jemand kennt ihre wirklichen Sorgen und Nöte, und niemand ist bereit, diesen Unternehmern das zu geben, was sie wirklich brauchen: finanzielle Unterstützung. Dabei möchte ich begrifflich nicht zwischen Gründern, Start-ups und Unternehmern unterscheiden.

Es gibt zwar zahlreiche Initiativen, Jungunternehmer zu vernetzen und fortzubilden. Diese lenken den Gründer aber eher von seinen eigentlichen Zielen ab. Ein Heer von Beratern, Coaches, Anwälten und anderen Personen im Ökosystem Start-up profitiert häufig mehr von den Treibern der Innovation als diese selbst. Es gibt unzählige Beispiele von hochinnovativen Unternehmern, die für ihre Idee auch in großem Umfang private Risiken eingehen. Manchmal sind diese Unternehmer zugleich Galionsfigur und stecken, unerkannt, in einer nahezu hoffnungslosen unternehmerischen Situation.

Der Unternehmer ist oft ein Mensch, der in vielerlei Hinsicht nicht den Normen der Gesellschaft entspricht. Oft werden ungewöhnliche Menschen zwangsläufig Unternehmer, denn nur so können sie „ihr eigenes Ding machen". Wer Neues wagen will, muss in unserer Wirtschaftsordnung Unternehmer werden – ob er will oder nicht. Er muss die Risiken seines Wagnisses auf sich nehmen, es bleibt ihm keine andere Wahl. Die Ungewöhnlichkeit, das Eigenständige, das neue Denken, das ist das Salz in der Suppe.

Man wird Unternehmer, weil man eine Idee umsetzen und selbst gestalten möchte. Im Kern ist man also gerne Unternehmer, wenn man gerne gestaltet. Diese Menschen sind auf der Suche, und nicht alle von ihnen werden erfolgreich sein können; aber sie sind bereit, das Kostbarste, was sie haben, ihr eigenes Leben, einzusetzen, um ihren Traum zu realisieren. Sie riskieren dieses Leben natürlich nicht wie ein Bundeswehrsoldat, der die Freiheit am Hindukusch verteidigt. Aber sie verzichten auf ein sicheres Leben in einem angepassten, normalen, versicherungspflichtigen Arbeitsverhältnis, mit Zeugnismappe und Betriebsrente. Sie können ihre ganz persönliche Idee verwirklichen und sie im besten Fall in Form eines Unternehmens noch an ihre Kinder vererben. Sie können versuchen, etwas Bleibendes zu schaffen, etwas nach eigenen Vorstellungen zu gestalten und auszubauen. Das ist für viele befriedigender als jeder Angestelltenjob.

In Deutschland kann man jede Art von Unternehmen gründen. Die Gewerbefreiheit ist keine Selbstverständlichkeit, sondern eine Errungenschaft des 19. Jahrhunderts. Man könnte sogar so weit gehen, zu sagen, dass die Einführung der Gewerbefreiheit im damals neuen Deutschen Reich eine wichtige – wenn nicht sogar die entscheidende

– regulatorische Weichenstellung war, die den Gründerboom nach 1870 in Deutschland nach sich zog; denn in der Kleinstaaterei zuvor waren Unternehmensgründungen von vielen Genehmigungen abhängig gewesen, die nun wegfielen.

Allerdings ist die Formel „Lebe deinen Traum, werde Unternehmer" zu kurz gegriffen. Denn die Freiheit des Unternehmers ist relativ: Sicher können Unternehmer entscheiden, wann und mit wem sie zusammenarbeiten, ob sie sich einen Tag in der Woche freinehmen, ob sie von zu Hause arbeiten oder nicht. Erfolgreiche Unternehmer haben ein hohes Maß an individueller Freiheit. Aber diese Freiheit besteht nicht immer und überall, und häufig müssen Unternehmer, um ihre Unternehmung erfolgreich zu gestalten, ganz eigenen Zwängen nachgeben.

Ein wichtiger Punkt des Unternehmertums ist die Vision. Dabei müssen Unternehmer zwischen interner und externer Vision unterscheiden. Häufig motiviert ein Unternehmer mit der Entwicklung eines Kults. Objektiv sieht das Projekt vielleicht gar nicht so gut aus, aber es vermittelt eine Vision, die alle in der Gruppe teilen. Man muss als Unternehmer aufpassen, dass man nicht das Opfer seiner eigenen Illusion wird und die objektive Ebene aus den Augen verliert.

Eine Beobachtung, die ich über die Jahre gemacht habe, ist, dass Profit unsichtbar ist. Das eigentliche Geschäft ist schon gemacht, bevor eine neue Baustelle entsteht. Es heißt immer, am Goldrausch hätten vor allem Restaurantbesitzer und Schaufelverkäufer verdient. Aber wahrscheinlich waren die einzigen, die wirklich mit dem Goldrausch zu Geld gekommen sind, diejenigen, die als Erste dort waren. Sie hatten ihre Schäfchen längst im Trocknen, als die Horden der Goldgräber kamen. Ich habe mehrfach erlebt, dass die Pioniere ihre eigenen Pioniergewinne eingefahren hatten, bevor irgendjemand anderes verstanden hatte, was eigentlich passiert. Das bedeutet aber auch, dass es wohl das Beste ist, die Hybris zu überwinden und diskret und schnell sein Geld abzuziehen, wenn man als Unternehmer einmal eine Goldader findet. *Take the money and run.* Wenn man es reinvestiert, ist das Geld schon wieder weg.

Um Unternehmer zu werden, benötigt man keine formale Ausbildung. Nicht selten sind Unternehmer Studien- oder sogar Schulabbrecher. Jeder kann Unternehmer werden, entscheidend ist, dass man in der Lage ist, die Arbeit im Hintergrund tatsächlich zu erledigen. Gutes Unternehmertum bedeutet gute Vorbereitung. Ein guter Unternehmer hat die Arbeit schon getan, bevor sie ihn betrifft. Man ist nie zu jung oder zu alt, um Unternehmer zu werden. Vielleicht sollte man nicht gleichzeitig ein Kind bekommen und sich selbstständig machen – und dennoch geschieht das häufiger, als man denkt.

Ein wichtiger Punkt ist, dass man sich wie der Igel in der Fabel „Hase und Igel" verhalten muss. Man sollte schon da sein, wenn der Hase angerannt kommt. Das heißt, man muss sich gut positionieren, denn als Unternehmer hat man nicht so viel Ressourcen. Dabei hilft die Einsicht in den Zusammenhang zwischen Professionalität und Wiederholung: Einer meiner Freunde besitzt eine Firma, die sehr erfolgreich auf internationalem Niveau Spezialmessen veranstaltet. Obwohl er auf verschiedenen Kontinenten arbeitet, ist er dabei alles andere als glücklich. Er findet es mittlerweile langweilig. Man muss immer dieselben Fragen zum Catering beantworten, immer dieselbe Art von Leuten möchte gerne umsonst auf eine Messe etc. Er verdient gut, aber es erfüllt ihn nicht mehr. „Stell dir vor, du wärst Chirurg", habe ich einmal zu ihm gesagt, „und du wärest spezialisiert auf den Ellenbogen. Montags kommst du in deine Klinik und operierst fünf Ellenbogen und dienstags auch. Und mittwochs operierst du fünf Ellenbogen und donnerstags und freitags auch. Und wenn du am Samstag auf eine Party gehst, wird man dich schnell über den Ellenbogen ausfragen und am Sonntag operierst du einen Notfall – am Ellenbogen. Und am Montag operierst du wieder fünf Ellenbogen, und so geht es dein Leben lang weiter. Und du hasst Ellenbogen mittlerweile, weil du nur noch Ellenbogen siehst. Aber du bist professionell, du bist der beste Ellenbogen-Chirurg im ganzen Land." Professionalität hat sehr viel mit Wiederholung zu tun.

Dabei ist es nicht entscheidend, in welchem Bereich man Unternehmer werden möchte. Wichtig ist die Positionierung am Markt. Man sollte nie zu innovativ, nie zu spät, nie zu schnell oder zu schön sein. Man sollte die Nische suchen, die noch unbesetzt ist. Man sollte sich ein zuverlässiges Team und Partner suchen. Menschen, die einen unterstützen und die einen schützen und verbessern und nicht unbedingt mit einem konkurrieren.

Und möglicherweise braucht man Investoren. Aber Obacht: Kunden sind billiger als Investoren. Es gibt nur einige besondere Fälle, in denen eine Kooperation mit Investoren für den Unternehmer wirklich Sinn macht. Ein Allheilmittel sind Investoren nicht. Keinesfalls sollte man sich gleich zu Beginn von Investoren abhängig machen. Sind Investoren an Bord, bedeutet das in der Regel, dass eine Exit-Strategie vorhanden sein muss. Exit-Strategie bedeutet, dass man vorhat, das Unternehmen irgendwann zu verkaufen. Manche Unternehmer wollen lieber Unternehmer bleiben und gar nicht verkaufen. Oft nehmen Investoren auch zu viele Anteile für zu wenig Geld.

Meine Beobachtung ist: Diejenigen, die sich etwas zutrauen, die den Mut haben, eigene Wege zu gehen, werden gerne Unternehmer. Diejenigen, die auf Sicherheit Wert legen, vielleicht – wenig begründete – Angst vor der Zukunft haben, werden lieber Angestellte. Ob jemand Unternehmer wird, ist also auch eine Frage von Mut und Selbstbewusstsein, ob man bereit ist, eigene Wege zu gehen und etwas zu riskieren. Wie hoch dieses Risiko ist, hängt im Einzelfall von der jeweiligen Person ab, aber der Wille zum Risiko, der ist allen Unternehmern gemein, vom Kiosk an der Ecke bis zum weltweiten Internet-Start-up.

Heute predigen viele die Zusammenarbeit zwischen etablierten Unternehmen und kleinen und mittleren Unternehmen als Lösung; dabei ist es nur ein politisches Konstrukt. Praktisch alle DAX-Unternehmen haben mittlerweile in Berlin digitale Gründungslabore eröffnet. Deren nachhaltige Wirkung wird sich noch erweisen müssen; vermutlich ist ihr Einfluss auf die Unternehmen eher begrenzt. Alle wollen aber dabei sein, Flagge zeigen. Das ist jedoch wenig mehr als Symbolpolitik.

Es gibt sehr viele, die an einem möglichen Erfolg der Gründer partizipieren wollen, die als Dienstleister, Berater oder Investoren infrage kommen wollen; aber es gibt wenige, die das Risiko, das die Unternehmer tragen, mittragen wollen und können. Wenig Hilfe ist von denen zu erwarten, die glauben, sie könnten Unternehmern in den neuen Start-up-Centern oder Akzelerator-Programmen beibringen, wie sie ihr Geschäft zu machen haben. Häufig sind das Menschen, die in ihrem Leben noch nie eine eigene Rechnung gestellt haben. Menschen, die ständig ein gutes Gehalt dafür bekommen, dass sie andere in ihrer unternehmerischen Tätigkeit beraten. Menschen, die sich in ihrem Konzern mit ihrem guten Gehalt langweilen und deshalb im Start-up-Bereich arbeiten, um den Gründern – wie im Zoo – bei der Arbeit zuzusehen – „immerhin junge Leute".

Letztens war ich bei einer Veranstaltung der Bundesregierung. Hier wurde der neue Innovationsplan vorgestellt. Auf dem Podium saß eine junge Dame und vertrat den Konzern Daimler-Benz AG. Sie berichtete über den neuen Start-up-Plan des Unternehmens. Sie schlug vor, dass die Gründer nach Stuttgart kommen („ins Neckar Valley[2]") und sich dort ansiedeln sollten, um dann von Daimler-Benz in ein Unternehmensnetzwerk eingeführt zu werden. Finanzielle Unterstützung für die Unternehmer – Fehlanzeige. Ich muss zugeben, dass ich mich sehr geärgert habe. Da haben wir das berühmteste und größte deutsche Automobilunternehmen, das jährlich einen Milliardengewinn ausweist. Dieser Riese setzt ein Start-up-Programm auf, ist aber nicht bereit, auch nur einen Cent an die Gründer zu zahlen. Nur die für sie nahezu kosten- und risikofreie Einbindung der Gründer in ihr Netzwerk sind sie anzubieten bereit. Für mich riecht das danach, dass sie sich gar nicht für die Unternehmensideen der Gründer interessieren. Was sie interessiert, ist der Kontakt zu den Menschen, den Köpfen dahinter, sie wollen ihnen beim Scheitern zusehen, um ihnen dann vielleicht einen Job anbieten zu können. Dann können sie diese freien Geister zu ihren Bedingungen lebenslang verhaften, in einem versicherungspflichtigen Arbeitsplatz.

Es gibt Landesinitiativen und Bundesinitiativen, es gibt europäische Initiativen, es gibt unabhängige und welche von Konzernen. Kaum eine dieser Strukturen bietet tatsächlich finanzielle Hilfen an. Alle wollen sie den Unternehmer beraten, ihn in ihr Netzwerk einbinden. Keiner weiß von den tatsächlichen Sorgen der Gründer. Keiner möchte sie in Wirklichkeit wissen. Und niemand möchte das Risiko selber tragen. Alle wollen aber sehen, welche coolen Produkte und Ideen entstehen und sich dann im Licht der Erfolgreichen sonnen.

Es gibt keine Sphäre, in der ich mehr Ungleichzeitigkeiten erlebt habe als in der Sphäre der Unternehmer. In den 15 Jahren, in denen ich als selbstständiger Rechtsanwalt und Berater viele kreative und digitale Unternehmen durch die vielen Höhen und Tiefen mit zu führen versucht habe, kann ich nur feststellen, dass es wenige Persönlichkeiten gibt, die die Anstrengung und mentalen Herausforderungen auf Dauer überstanden haben. Ein Freund von mir, ein echter Langzeitunternehmer, hat mir mal gesagt: „Was du willst, ist überhaupt zu überleben. Wenn man lange durchhält, ist das an sich schon eine große Leistung."

Ein Aspekt, der selten angesprochen wird, ist die Stellung des Selbstständigen in der Gesellschaft. Selbstständigkeit und Arbeitslosigkeit, das ist meine Erfahrung, liegen enger beieinander als es unsere Gesellschaft offenlegt. Derjenige, der bereit ist, einfach anzufangen, Dinge zu tun, zu organisieren, neue Wege zu gehen, neue Technologien zu wählen, wird von der Gesellschaft allein gelassen. Dagegen erhält derjenige, der in einem großen Unternehmen oder beim Staat beschäftigt ist, mit wesentlich weniger Innovationskraft, wesentlich weniger Aufwand einen größeren gesellschaftlichen Bonus.

Wir sollten uns keine Illusionen machen, der Status des Unternehmers ist nicht unbedingt der beste. Einmal hat mich ein Unternehmer, der mittlerweile eine enger Freund geworden ist, zu seiner Hochzeit eingeladen. Mein Freund hatte erst Medizin studiert. Nach dem Physikum hatte er jedoch bereits drei Angestellte, und da beschloss er, die klinische Ausbildung zum Arzt nicht weiterzuverfolgen. Jahrzehnte später, er hatte mittlerweile über hundert Mitarbeiter und sehr viel Erfolg, heiratete er. Sein bester Freund und Trauzeuge war mittlerweile Professor für Medizin. In seiner Rede versuchte dieser etwa 20 Minuten lang, die Eltern des Bräutigams zu überzeugen, dass aus ihrem Sohn „auch etwas geworden war". Für sie war ihr Sohn immer ein Studienabbrecher geblieben.

Unsere Gesellschaft der Arbeitsplatzbesitzer denkt nicht an den Unternehmer, der es anders oder besser machen möchte. So lange in einer signifikanten Zahl der Tatorte in der ARD selbstständige Unternehmer die Mörder sind, so lange muss man sich nicht wundern, wenn sich Eltern für ihre Töchter und Söhne nicht unbedingt Selbstständige als Lebenspartner wünschen. Kein Wunder also, dass die Gründungsraten zurückgehen. Das Tragische ist ja, dass die Innovatoren von morgen, die Neues wagen, letztendlich große Teile der Gesellschaft tragen und finanzieren werden müssen – dabei hilft ihnen niemand.

Mitunter entsteht der Eindruck, als bilde die Gesellschaft eine große Koalition von Arbeitsplatzbesitzern für Arbeitsplatzbesitzer. Ein Beispiel ist der Mindestlohn. Er war in der Tat überfällig. Aber kleine Unternehmer, die hohe Risiken eingehen, müssen plötzlich noch genauer rechnen. Erstaunlicherweise habe ich eine Facebook-Debatte von kleinen Entwicklern von Computerspielen miterlebt, in der die Kritik daran sehr überschaubar ausfiel. Die meisten Unternehmer hat das Argument überzeugt, dass man von seiner Hände Arbeit leben können müsse. Wenn aber die vielen kleinen und Kleinstunternehmer in Deutschland stillhalten, tragen sie die Hauptlast dieser Reform, während die Deutsche Post, die Münchener Rück oder Daimler davon kaum betroffen sind. Im Zweifel verändert sich das Wettbewerbsgefüge sogar zu ihren Gunsten. Richtig ist die Einführung des Mindestlohns trotzdem, aber es ist eine Reform für Arbeitsplatzbesitzer.

Wir haben Fachkräftemangel, und es gibt Stimmen, die sagen, dass man in diesen Zeiten eben weniger Gründer habe, aber noch mehr glückliche Arbeitnehmer. Richtig daran ist, dass Arbeitslosigkeit und

Unternehmertum enger miteinander zusammenhängen, als viele glauben – und das ist keine Schande. Die Angst vor einer Unternehmensgründung sitzt tief, und dies nicht zu Unrecht.

Auch wenn die Gefahr der Unternehmensgründung so deutlich ist, ist sie objektiv gesehen nicht so groß, wie viele, die sich davor fürchten, annehmen. Und so gibt eine wachsende Anzahl von Menschen, die modernere, mobilere und freiere Formen des Arbeitens wollen. Dabei sind es zunehmend Menschen, die gerne frei sind, die selbstständig sein wollen und für sich selbst das klassische Arbeitnehmerverhältnis ablehnen: Einerseits, weil sie mit einer gewissen Berechtigung den bestehenden Strukturen mit einer wachsenden Skepsis gegenüberstehen, andererseits auch, weil sie das Gefühl haben, als Arbeitnehmer nicht selbstbestimmt sein zu können. Selbstbestimmtheit und Autonomie gewinnen in unserer digitalisierten Gesellschaft massiv an Bedeutung. Und so scheitern Unternehmer und Innovatoren seltener, als landläufig geglaubt wird. Die Angst zu scheitern hält viele davon ab, in die Selbstständigkeit zu gehen. Aber meistens geht es auch nach einem Misserfolg weiter. Echte Unternehmer machen ohnehin immer weiter.

Trotzdem: Wenn Unternehmer scheitern, sind sie allein. Der Erfolg hat viele Väter, beim Misserfolg will keiner dabei gewesen sein. In Sonntagsreden fordern wir gerne eine neue „Kultur des Scheiterns". Aber die praktische Umsetzung gestaltet sich schwierig. Unlängst hatte ich einen Fall auf dem Tisch, bei dem eine Landes-Förderbank plötzlich einen sieben Jahre alten Förderkredit zurückforderte und damit bei einem gesunden Unternehmen ohne Not eine Insolvenz auslöste.

Wenn wir unsere Gesellschaft öffnen und die Angst vor Unternehmensgründungen reduzieren wollen, müssen wir tiefer ansetzen. Im Kern basiert unsere Gesellschaft auf einem Gesellschaftsvertrag der großen Koalition der Arbeitsplatzbesitzer. Dieser sanktioniert die Normabweichung. Es ist derselbe Reflex, der einsetzt, wenn an einer Schule der Streber, der sich nicht an die Gruppe anpasst, gehänselt und die etwas Frühreife ins Abseits gestellt wird. Diejenigen, die die Anpassungsleistung erbringen, neiden den anderen ihre Freiheit, ihre Freiheit zu denken und zu handeln. Insbesondere für die Tarifpartner, die einen geringen Organisationsgrad in der kreativen und digitalen Wirtschaft haben, ist die Digitalisierung eine besondere Herausforderung. Abweichungen vom Idealprinzip des sozialversicherungspflichtigen, weisungsabhängigen Arbeitsplatzes werden tendenziell abgestraft.

Die Förderung von Gründerbereitschaft ist eine gesamtgesellschaftliche Aufgabe, die – ähnlich wie in der Antidiskriminierung – Selbstständigkeit nicht verächtlich machen darf, sondern als eine normale, erstrebenswerte Tätigkeit darstellen muss. Die Frage der sozialen Absicherung ist in Zeiten des demographischen Wandels ernst zu nehmen.

Die Realität des Selbstständig-Seins in unserer Gesellschaft steht im Spannungsverhältnis zwischen der verstärkt desintegrierten Arbeitswirklichkeit mit den möglicherweise teilweise überkommenen Realitäten der kollektiven und kollektivierten Arbeitskultur Europas. Niemand möchte die Errungenschaften des kollektiven Arbeitsprozesses missen oder abbauen. Niemand möchte Sozialabbau. Zugleich stellt sich aber eine echte neue soziale Frage. Selbstständigkeit und Arbeitslosigkeit auf der einen Seite und unselbstständige Inhaberschaft von Arbeit auf der anderen Seite; die Risikostruktur ist aus dem Gleichgewicht geraten und das selbstständige Unternehmertum, insbesondere das schein-selbstständige oder Kleinunternehmen, Kleinunternehmer und Kleinstunternehmertum, wie es in der Digital- und Kreativwirtschaft vorherrscht, wird in dieser Realität nicht vernünftig abgebildet.

Unsere Gesellschaft geht davon aus, dass der Selbstständige an sich genug Geld verdient, um sich und seine Mitarbeiter zu ernähren. Einer zunehmend vernetzten digitalisierten Welt mit vielen kleinen Einheiten wird diese Vorstellung allerdings immer weniger gerecht. Die aktuelle Debatte um sogenannte Solo-Selbstständige und ihre Sozialversicherungspflicht ist ein gutes Beispiel dafür. Der Begriff der „Solo-Selbständigen" ist negativ belegt.

Die soziale Absicherung von Selbstständigen bleibt allein ihnen selbst überlassen. Selbstständige, die aus Gründen der Solidarität für eine gesetzliche Krankenkasse optieren, werden zwangsläufig mit dem Maximalsatz angesetzt. Es kommt nicht darauf an, wie viel sie tatsächlich verdienen. Viele Selbstständige werden so systematisch in die privaten Krankenkassen getrieben. Was die Rentenversicherung anbelangt, ist die Absicherung weitgehend obsolet. Das Ideal der Rentenversicherung ist der versicherungspflichtige Angestellte. Die Rentenversicherungen gehen davon aus, dass Selbstständige im Kern genug Geld haben, um ihren Lebensabend zu bestreiten. Offenbar möchte man eher den Bereich der Versicherungspflichtigen ausweiten, als sich dem Thema proaktiv zu nähern. Die Antwort, alle in die Sozialversicherungssysteme einzugemeinden, damit sie die Renten der vorherigen Generation aufbringen, ist blanker Hohn. Das führt nur zu zusätzlichen Belastungen ohne realen Gegenwert. Denn die jetzige Gründergeneration weiß genau, dass aufgrund der demographischen Entwicklung ihre Rente alles andere als sicher ist.

Es ist richtig, dass die Praktikantenkultur ihre Grenzen finden muss, und so war der Mindestlohn richtig. Gute Arbeit muss entsprechend vergütet werden. Aber die Vorstellung, dass die Sozialkassen ernsthaft eine Lösung für die Versorgung der Unternehmer darstellen würden, ist irreführend. Nicht die digitale Wirtschaft muss an die Sozialkassen angepasst werden, sondern die Sozialsysteme an die digitale Wirtschaft. Man hat den Eindruck, die Sozialpartner sehen die Digitalisierung in besonderem Maße als Gefahr, weil sie ihr Geschäftsmodell bedroht sehen. Aber genau wie in allen anderen Bereichen, die der *digital shift* bedroht, wird ein Festhalten an alten Geschäftsmodellen nicht helfen. Wir brauchen hier viel innovativere Lösungsansätze.

Ich möchte nicht falsch verstanden werden: Sozialpartner sind ein wichtiger Bestandteil unserer Gesellschaft. Sie sind strukturell vor allem in großen Unternehmen organisiert und haben deswegen im Bereich der Gründungen und Start-ups wenig bis gar keine Antennen. Gegenwärtig stellt sich die soziale Frage anders: Heute stehen Arbeitslose und Selbstständige den Arbeitsplatzbesitzern gegenüber.

Es ist sicherlich gut und richtig, dass man darauf achtet, dass die gute Konjunktur alle erreicht und nicht auf Ausbeutung gründet. Aber dort, wo die institutionalisierte betriebliche Mitbestimmung ein Selbstläufer ist, werden große Wirtschaftsstrukturen stärker berücksichtigt als kleine innovative – aus dem einfachen Grund, weil dort mehr Arbeitnehmervertreter sind. Hier liegt seit jeher die Achillesferse der Deutschland AG. Diese große Koalition der Arbeitsplatzbesitzer prägt unsere augenblickliche politische Verfassung. Sie macht sie aber nicht zukunftsfest.

Die Entgrenzung der Arbeit ist in der Tat kritikwürdig. Aber das darf nicht darüber hinwegtäuschen, dass die Träger der Innovation im digitalen Sektor viele kleine Hände sind, die hohe persönliche Risiken eingehen wollen und alle zusammen ein großes Ganzes ergeben. Deshalb muss der Begriff der Arbeit neu akzentuiert werden. Das Bild der Arbeit müsste unabhängig vom Beschäftigungsverhältnis – vom tatsächlichen Leistungsträger im Sinne von „arbeiten" – geprägt sein. Man verharrt stattdessen leider am Idealbild der abhängigen, versicherungspflichtigen Beschäftigung mit dem Unternehmer als Antagonisten.

Die Vorstellung, der Unternehmer müsse „hungrig bleiben", ist nicht hilfreich. Die meisten Wettbewerbe und Gründerpreise sind nicht mit konkreten und substanziellen Mitteln verbunden. In der Regel werden symbolische Preise vergeben, verbunden mit Sponsoringpaketen verschiedenster Art und allerlei Urkunden; oder Dritten kommen die Mittel zugute. Meistens bleibt dem Gründer der feuchte Händedruck. Politik und Verwaltung tun sich bedauerlicherweise sehr schwer, Gründern Geld in die Hand zu geben. Manchmal haben sie Angst, ihre Hilfen würden verschwendet. Das muss sich ändern; dann werden Gründungen auch vermehrt. Dann wird der Gründer die finanziellen Mittel haben, um ein normales Leben zu führen.

So wurde vom Bundeswirtschaftsministerium lange ein Gründerpreis vergeben, der eine Höchstprämie von dreitausend Euro ausgeschrieben hat – das ist peinlich. Ich erinnere mich daran, dass ich einmal vor Jahren bei einer Preisverleihung neben einem ehemaligen Preisgewinner, der mir gut bekannt war, saß und ihn fragte, ob er vor zwei Jahren – als er der Gewinner war – gekommen sei, um seinen Preis abzuholen. Er antwortete mir, dass er nicht anwesend gewesen sei, weil er sich die Reise zur Preisverleihung damals nicht habe leisten können. Das Preisgeld sei zu gering gewesen.

Unternehmer, die im digitalen Bereich gründen, habe schlechte Karten, wenn sie auf staatliche Förderung hoffen. Ein Grund ist, dass die staatlichen Förderbanken stur darauf beharren, dass im Bereich Software keine Innovationen entstehen könnten. Sie vertreten einen rein technischen Innovationsbegriff, der zum Beispiel den Bereich des Designs nicht mitumfasst. Es gibt keine vernünftigen Gründerförderungen, wie man annehmen würde und wie offenbar viele Politiker, die sich damit noch nicht so richtig befasst haben, glauben. Das ist in anderen Ländern viel besser gelöst.

Viele Gründer mit wirklich guten Ideen verlassen Deutschland daher für immer. Sie sagen, dass in unserer Gesellschaft nicht genug Freiraum für Neues sei. Wer etwas Neues angehen will, muss dorthin gehen, wo Neues entstehen kann. Eine Migrationsbewegung, die von vielen unterschätzt wird: Bis 2011 sind aus Deutschland jährlich etwa 600.000 Menschen ausgewandert, danach sind die Zahlen noch weiter gestiegen. Diese Menschen verlassen Deutschland nicht nur wegen des Wetters oder weil sie Liebeskummer haben. Nein, sie wandern auch aus, weil sie das Gefühl haben, dass Deutschland ihnen nicht die Freiräume und die Unterstützung bietet, die sie suchen, um ihre Projekte zu realisieren.

Dabei ist es lange nicht ausreichend, die Rahmenbedingungen für Wagniskapital in Deutschland zu verbessern. Wichtiger wäre, umfangreich öffentliche Förderung für die Gründer zur Verfügung zu stellen. Weder die indirekte Förderung über Wagniskapitalgeber noch andere Rückverbürgungsmodelle sind wirklich sinnvoll. Innovation kommt – insbesondere in der digitalen Wirtschaft – von unten. Innovationen haben relativ wenig mit dem Wissenstransfer von Forschungsergebnissen aus Wissenschaft und Lehre zu tun. Die echten Risikoträger in Deutschland sind häufig allein gelassen, da sie sich darauf konzentrieren müssen, ihr Produkt oder ihre Dienstleistung zu entwickeln. Problematisch ist hierbei auch das Verhalten von Banken und anderen Finanzierungsinstitutionen und ihre Regulierung. Auch das Finanzamt fordert im zweiten Jahr nach der Gründung regelmäßig Steuer-Vorschussleistungen für die Folgejahre und fordert damit plötzlich die doppelte Summe: Für viele Gründer eine existenzbedrohende Überraschung.

Wir reden seit Jahrzehnten darüber, wie man Gründern unmittelbar helfen kann – ohne greifbare Verbesserungen. Dieser überfällige Wandel findet in Deutschland und in Europa vor allem deswegen nicht statt, weil sich in Deutschland und Europa keine Start-ups wie Google gründen können, weil die existierenden Strukturen verhindern, dass eine echte Gründerkultur entsteht. Wenn wir hier nicht gegensteuern, geht die Gelegenheit verloren, dass die Umwälzungen, die mit der Digitalisierung einhergehen, zu unser aller Gunsten genutzt werden können; denn sie finden ohnehin statt, wenn nicht hier, dann eben anderswo.

Fassen wir die Ergebnisse zusammen:

- Der Unternehmer ist in Deutschland ziemlich allein.

- Es gibt eine ganze Industrie von Unterstützern, die ihm helfen wollen, aber das geschäftliche Risiko teilen nur sehr wenige.

- Die Gesellschaft begegnet Unternehmern mit Skepsis. Wir leben unter einer großen Koalition der Arbeitsplatzbesitzer.

NETZWERKE

Als wir am Anfang der 90er Jahre gerade mit dem Studium angefangen hatten, erzählte mir einer meiner Schulfreunde aus Starnberg von einem merkwürdigen Studentenjob. Er arbeitete bei einem Unternehmen, das in Starnberg angesiedelt war und das die Steuerungsgesellschaft für das Projekt Magnet-Motor war. Hier ging es um eine Innovation, die mit großem Aufwand von der Bundesregierung vorangetrieben worden war und die die Zukunft der schienengebundenen Systeme sein sollte. Die Idee war, dass man einen Zug über eine Magnetschiene sausen lassen würde, wobei der Zug die Magnetschiene nicht berühren würde. Dadurch würde sehr wenig Reibung entstehen. Das Projekt wurde später unter dem Namen Transrapid bekannt. Die Bundesregierung hatte schon in den 1960er-Jahren angefangen, Forschungsgelder für dieses Projekt bereitzustellen. Die Technologie war mit öffentlichen Mitteln in den 1970er- und 1980er-Jahren weiterentwickelt worden und erreichte nun langsam die Marktreife.

Mein Freund hatte damals die Aufgabe, in einem Computer-Interface die ausgegebenen Forschungsmittel zu legitimieren und die Budgets und Forschungsprojekte so umzustrukturieren, dass möglichst viel Forschungsbedarf übrigblieb. Ich erinnere mich nicht mehr an alle Details, aber wir haben uns damals vor allem über die Unredlichkeit des ganzen Vorgangs unterhalten, und die Tatsache, dass man so etwas einen Studenten machen ließ. Lang ist es her. Als dann in der Endphase der Regierung Kohl noch vor der Jahrtausendwende der damalige Verkehrsminister Jürgen Rüttgers eine echte Transrapid-Strecke zwischen Berlin und Hamburg plante und ihre Umsetzung kurz bevorstand, stoppte der neu gewählte Bundeskanzler und bekennende „Auto-Mann" Schröder das Projekt. Bis heute gibt es keine Transrapid-Strecke in Deutschland, sondern nur eine ICE-Strecke zwischen Berlin und Hamburg. Als Grund für das Scheitern des Projekts wurde damals der Umweltschutz vorgetragen, aber mein Eindruck ist bis heute, dass es um zwei andere Dinge ging: Einerseits wollte man in

Westdeutschland nicht, dass man die Entfernung zwischen Hamburg und Berlin via Transrapid in nur einer halben Stunde überbrücken konnte. Man hatte Sorge, dass Berlin zu stark werden und den westdeutschen Strukturen Konkurrenz machen könnte, wenn es quasi mit Hamburg zu einer großen Metropolregion verschmolzen wäre.

Die andere Begründung, die niemand vorgetragen hat, ist wohl in der engen Verknüpfung von Gerhard Schröder mit der Automobilindustrie zu sehen. Für diese stellt der Transrapid bis heute eine echte Gefahr dar. Der Transrapid wäre als Massenbeförderungsmittel ungemein schnell, kostengünstig und vor allem viel bequemer. Sicher, die Magnetschwebebahn wäre laut dahergekommen, und das hätte den einen oder anderen Frosch in Mecklenburg-Vorpommern gestört. Aber für mich ist dieser Vorgang immer noch ein Signal, dass die eigentliche Innovation in Deutschland nur dann erfolgreich sein kann, wenn sie nicht ins Gehege der Interessen der deutschen Automobilwirtschaft gerät. Solange es sich beim Transrapid um einen Traum handelte, um eine Vision, deren Realisierung in der Ferne lag, solange war es allemal wohlfeil, dieses Projekt auch seitens des Staates zu unterstützen. Als der Transrapid allerdings den Markt erreichte, wurde dem Projekt der Saft abgedreht. Da war es auch unwichtig, wie viel vorher in die Technologie investiert worden war.

Die wichtigste Netzwerkindustrie in Deutschland ist unsere heilige Kuh – die Automobilindustrie: Im Augenblick wird sehr viel über ihre Herausforderungen wie Sharing-Modelle, autonomes Fahren und den Elektromotor diskutiert. Ich halte es für wichtig, festzustellen, dass bei Firmen wie VW[1] und Daimler[2] wesentliche Anteilseigner aus erdölproduzierenden Staaten wie Katar oder Kuwait kommen. Daher halte ich es für unwahrscheinlich, dass wir in Deutschland rasch zum Elektromotor übergehen werden. Ich vermute, dass die Anteilseigner, auch wenn sie nur eine Minderheit im Aufsichtsrat sind, dafür sorgen werden, dass diese neuen Technologien im wahrsten Sinne des Wortes nicht auf die Straße kommen. Hier werden die Dinge vielleicht ähnlich laufen wie damals beim Transrapid. Und das ist die eigentliche Chance von Tesla.

Henri de Saint-Simon, einer der bedeutendsten Denker aus der Zeit der französischen Revolution, überlebte das Chaos dieser Zeit nur knapp. Für ihn war der Staat vergleichsweise unwichtig, denn er glaubte an Netzwerke, die er von hierarchischen Systemen unterschied: *„Le réseau, contrairement au système, n'est pas en lui-même hiérarchique. A l'opposé du système, le réseau permet la communication, parce qu'il est antihiérarchique.“*[3] Nach Saint-Simon ist das Netz die Verknüpfung zwischen vertikaler Organisation der Pyramide staatlicher Hierarchie und der Selbstorganisation des Marktes.[4] Dabei geht es um Netzwerke unter privaten Menschen, Handelsnetzwerke, aber auch physische Netzwerke wie Wasser- und Abwasserkanäle. Saint-Simon entwickelte eine Theorie, in deren Zentrum Netzwerke unter privatwirtschaftlich organisierten Kaufleuten und den damals sehr populären Logen standen. Er glaubte, ihre Effizienz liege im Privatsektor. Die Saint-Simonisten hatten auch großen Einfluss auf den Bauplan des neuen Paris.[5] Bis heute sind in Frankreich in dessen Folge viele Netzwerke privat organisiert, wie die Wasserversorgung, die Autobahnen und auch große Teile des Mobilfunknetzes.

Ich habe nie verstanden, warum die Zusammenlegung von digitalen Kompetenzen mit dem Bundesverkehrsministerium nicht genutzt wurde, um den theoretischen Ursprüngen des Netzwerkgedankens stärker Raum zu geben. Eine vertane Chance. Hätte man diese Gelegenheit genutzt, hätte man viele positive Aspekte der Internet-Netzwerkstrukturen und ihrer Gemeinsamkeiten und Unterschiede mit anderen Netzwerken besser verstanden. Vor allem hätte man das Ministerium zu einem Netzwerk-Ministerium ausbauen können. Aber statt über Netzwerke spricht man dort lieber über Mobilität. Damit verliert man den Plattform-Gedanken aus den Augen, der quasi die Weiterentwicklung der Netzwerk-Theorie darstellt, denn „die größten Gewinner der Digitalwirtschaft sind die Plattformen“.[6]

Nur so ist es nachvollziehbar, dass ein Netzwerk-Unternehmen wie die Deutsche Bahn AG vor aller Augen zugrunde gerichtet wird, anstatt sie als Plattform zu verstehen. Früher, als ich ein kleiner Junge war, setzte die Bundesbahn nach einer halben Stunde Verspätung auf

Fernstrecken einen Ersatzzug ein, und zwar praktisch an jedem größeren Knotenpunkt. Daher waren die überregionalen Züge selten mehr als eine halbe Stunde zu spät. Davon können wir heute nur träumen. Wenn man heute zu einem Vorstellungsgespräch fährt, dann nimmt man nicht mehr wie noch vor 25 Jahren die Bahn, sondern fährt mit dem Auto, weil man sich nicht mehr darauf verlassen kann, dass die Bahn rechtzeitig ankommt. Man nimmt in Kauf, dass beim Auto die Stau- und Unfallgefahr um ein Vielfaches höher ist. Die Bahn konnte auch nicht durchsetzen, dass sie bei den großen Häfen in Hamburg und Wilhelmshaven so beteiligt wird, dass die Seecontainer erst einmal auf der Schiene landen, bevor sie weiterverteilt werden. Damit hätte man erreichen können, dass der Güterverkehr in Deutschland zumindest bei Überseecontainern stark mit der Bahn verknüpft bleibt. Aber die Automobilindustrie hat das wohl zu verhindern gewusst, schließlich mussten ja die vielen hier produzierten Lastwagen verkauft werden.

Auch der Nachtsprung ist Geschichte. Noch bis vor wenigen Jahren konnte man auch als Privatmann mit dem Autozug in die Ferien fahren. Der Autozug soll gar nicht defizitär gewesen sein, aber – ziemlich absurd – nicht zur Marke der Deutschen Bahn gepasst haben. Dies gilt umso mehr für den Nachtzugverkehr. Ich habe das als Student geliebt. Für mich waren Liegewagen auch ein Symbol der Freiheit. Aber sie waren eben auch ganz konkret die Möglichkeit, einen Nachtsprung zu organisieren, und sie stellen bis heute eine wichtige zivilisatorische Netzwerk-Errungenschaft dar. Hier hatte die Bahn einen strategischen Wettbewerbsvorteil gegenüber dem Automobil, denn beim Autofahren kann – und sollte – man nicht schlafen. Ich denke, dass man deshalb die Nachtzüge abgeschafft hat. Bei der Bahn stinkt der Fisch – so mein Eindruck – schon seit langem vom Kopf her. Es wird versucht, die Bahn so zu organisieren, dass sie der Automobilindustrie nicht gefährlich wird. Wenn der Benzinpreis steigt, steigt auch der Preis für die Bahn. In unseren Nachbarländern ist Bahnfahren preiswerter. Es wäre aus meiner Sicht möglich, eine viel günstigere Deutsche Bahn anzubieten, die viel größere Mengen an Personen und

Gütern transportiert und damit auch einen Beitrag zum effektiven Umweltschutz leistet. Dies ginge allerdings zu Lasten der Abverkaufszahlen der Automobilindustrie. Daher geht der Trend leider eher in die andere Richtung. Nachdem die Deutsche Bahn AG die mühsam erwirtschafteten Spielräume im Raum Stuttgart vergraben und im Ausland angelegt hat, transportiert sie jetzt zunehmend Menschen und Güter in Bussen und Lastwagen.

Ein anderes Netzwerk-Unternehmen ist die Deutsche Telekom AG. Die Deutsche Telekom war ja zunächst einmal Teil der Bundespost und als solche zuständig für den Fernmeldebetrieb und später auch für den Betrieb des Fernsehkabels. In den Anfängen des Internets sperrte sich die Telekom gegen Datenübertragungen in der Telefonleitung, daher musste man zunächst Akustikkoppler benutzen. Später zeigte die Telekom keine Bereitschaft, das Internet auch über ihr leistungsfähigeres Fernsehkabel auszurollen, da das eine minutengenaue Abrechnung erschwert hätte. Aus diesem Grund ist es der Telekom gelungen, das Fernsehkabel weitgehend vom Internet frei zu halten und das Kupferkabel weiter mit DSL auszubauen. Anders zum Beispiel in Frankreich, wo das Fernsehkabel für das Breitband genutzt wird und die Verkabelung des Landes deswegen von vornherein viel stabiler war. Dieser Umstand ist wichtig, weil er die eigentliche Ursache für die Schwäche im Breitbandausbau in Deutschland ist. Als sich die Telekom weiter weigerte, das Fernsehkabel für das Internet zu nutzen, wurde ein Verkauf des Fernsehkabels vom Bundeskartellamt erzwungen. Große Teile des Fernsehkabels wurden verkauft, das Problem blieb aus verschiedenen Gründen ungelöst.[7] Die Bundesregierung hat den Ausbau des Breitbandkabels ganz oben auf ihre Agenda gestellt. Das heißt, dass der Steuerzahler nun zum dritten Mal den Ausbau des Breitbandkabels in Deutschland bezahlt. Ich halte das für einen Skandal, und ich befürchte, dass das gewünschte Ergebnis wieder nicht erreicht wird. Die Gelder, die aktuell für den Ausbau des Breitbandkabels zur Verfügung gestellt werden, sind vor allem auch Gelder, die für die Entwicklung des digitalen Standortes Deutschland im engeren Sinne fehlen.

Der Breitbandausbau des Internets ersetzt nämlich in keiner Weise die Modernisierung Deutschlands im Zusammenhang der Digitalisierung. Das ist nur der Prolog. Eines der größten Probleme, die wir gegenwärtig haben, ist, dass die von allerlei Lobbyisten gesteuerte Meinung dafür sorgt, dass Gelder, die für Innovationen zur Verfügung gestellt werden, im Breitbandausbau landen, sodass jede echte Innovation im Land mindestens aufgeschoben, wenn nicht gar verhindert wird. Wir stehen in einem internationalen Innovationswettbewerb und fallen Jahr für Jahr weiter zurück. Zugleich haben Länder wie China oder USA ein relativ schlechtes Breitband und geben trotzdem den Ton an. Die Weiterleitung von Inhalten, die aus anderen Ländern kommen – mit minimaler Wertschöpfung hierzulande –, kann bei einem sehr stark ausgebauten Internet vor allem dem Ausland nutzen. Den dringenden Schritt von der digitalen Anwendungs- zur digitalen Gestaltungskompetenz werden wir damit noch nicht gehen.

Sicherlich ist die Qualität unseres Netzes eine wichtige Voraussetzung für die Entwicklung des digitalen Standortes. Ich teile die Ansicht, dass der Ausbau von Breitbandleitungen im ländlichen Raum dazu beiträgt, dort Gründungen zu ermöglichen. Das ist dort, wo es immer noch nichts gibt, natürlich die Voraussetzung und hätte spätestens vor 15 Jahren passieren müssen. Aber: Echte digitale Innovationspolitik ist das nicht. Eine Verknüpfung des Ausbaus der digitalen Netze mit digitalen Gründungen besteht nicht. Daher ist es ist ein Irrglaube, dass auf dem Land nur deshalb weniger Gründungen stattfinden, weil die digitalen Netze dafür nicht ausreichen. In anderen Industrieländern wie China und USA sind die Verbindungen zum Teil erheblich schlechter, und das hält Gründer auch nicht vom Gründen ab.

Der Ausbau des Breitbandkabels trägt allenfalls nur sehr indirekt dazu bei, dass die Gründungen zunehmen. Umso bedeutender die digitale Kommunikation wird, umso wichtiger wird auch der zwischenmenschliche Austausch. Menschen wollen die Menschen sehen, mit denen sie ständig digital kommunizieren. Das ist ihnen auch nicht zu verdenken. Deswegen organisieren sie sich in Clustern, in denen sie mit anderen Gründern physisch zusammentreffen. Umso schwieriger

ihre Aufgaben werden, umso nachhaltiger wird sich diese Entwicklung einstellen. Der Glaube, dass man mit einer besseren digitalen Inf-
rastruktur die Landflucht aufhalten kann, ist nur sehr bedingt richtig.

Der Preis für den Ausbau im ländlichen Raum ist die Lockerung der
Netzneutralität, ein brandgefährlicher Deal, der die Basis für die
Gründung digitaler Unternehmungen gefährdet. Dadurch würde sich
die Einflussmöglichkeit digitaler Gründer noch einmal deutlich ver-
ringern, während ihre Abhängigkeit vom Einfluss der Telekommunikationskonzerne, die ihre Netze prioritär bezahlenden großen Unternehmen – im Zweifel aus Übersee – anbieten werden, weiter wächst.
Das ist besonders pikant, weil sich die Bundesregierung in ihrer digitalen Agenda ausdrücklich zur Netzneutralität bekennt und die Deutsche Telekom damit aktiv die politische Zielsetzung ihres Hauptei-
gentümers unterminiert hat.

Seit dem Aufkommen des Internets ist Netzneutralität eine wichtige
Grundvoraussetzung für Wachstum und fairen Wettbewerb im Netz:
Diejenigen, die Netzwerke physisch bereitstellen, dürfen keine
Dienste anbieten, und diejenigen, die Dienste anbieten, keine Netz-
werke bereitstellen. Der Inhalt, der durch die Netze geleitet wird,
muss neutral sein und die Netzbetreiber agnostisch gegenüber dem
Inhalt. „Im Allgemeinen wird mit dem Begriff der so genannten Netzneutralität die Gleichbehandlung aller Datenpakete unabhängig von
Inhalt, Dienst, Anwendung, Herkunft und Ziel als ein elementares
Prinzip eines freien und offenen Internets verstanden. Aus der Sicht
des Endnutzers bezeichnet Netzneutralität den diskriminierungs-
freien Zugang zu Inhalten, Diensten und Anwendungen seiner Wahl
ohne einschränkenden Eingriff der Netzbetreiber. Aus der Sicht des
Anbieters von Inhalten, Diensten oder Anwendungen geht es um die
diskriminierungsfreie Übermittlung von Information an den Endnutzer."[8]

Diese relativ einfache Regel ist wohl die entscheidende Grundvoraussetzung für den Erfolg des Internets überhaupt. In der letzten Legis-

laturperiode gab es unter der hervorragenden EU-Kommissarin Neelie Kroes eine umfassende Analyse des Themas. Nach langer, gründlicher Debatte hat sich das europäische Parlament und die europäische Kommission mit dem Rat darauf verständigt, die Netzneutralität in Europa uneingeschränkt beizubehalten. Leider wurde dies von Kroes' Nachfolger Günther Oettinger ohne Not aufgeweicht. Verteidiger der Netzneutralität mussten sich vom EU-Kommissar als „Taliban" beschimpfen lassen.[9] Oettinger hoffte seine Netzwerkkompetenz aus dem Energiebereich bei den Netzen im Internet einbringen zu können. Allerdings interessierte er sich zu wenig für die Unterschiede der verschiedenen Netze. Anders als die Netze im Energiebereich und im Transportwesen sind Kommunikationsnetze wie das Internet eigenen Gesetzmäßigkeiten unterworfen. So ist es ein Missverständnis, dass die Bezahlung für das Zwei-Klassen-Internet so etwas sei wie eine Autobahnmaut. Netze aus dem Energiebereich sind auch nicht mit dem Internet zu vergleichen, denn es dient nicht nur zur Datendurchleitung, es ist zugleich auch noch ein Warenhaus.

Das Internet ist eben nicht nur Netz, sondern auch selbst Inhalt. Deshalb gibt es einen starken Steuerungseffekt im Bereich der Produktplatzierung und damit im inhaltlichen Angebot. Derjenige, der sich mit Geld besseren Zugang kaufen kann, kann dafür sorgen, dass die Vielfalt angebotsseitig zurückgedrängt wird. Das ist insbesondere deswegen kritisch, weil wir keinen vollendeten europäischen digitalen Binnenmarkt haben – und vielleicht auch gar nicht haben wollen, ein besonderes Problem. Ohne Netzneutralität als Prinzip, ohne ständige Gefahr der Konkurrenz werden unsere Netzanbieter so mächtig, dass nationale Inhalte kaum eine Chance mehr haben werden, denn die Unternehmen mit dem größten Heimatmarkt haben die Nase vorn.

Nur wenn die Netze inhaltsneutral sind, werden nicht die Inhalte priorisiert, deren Anbieter für verbesserte Weiterleitungsmöglichkeiten besser zahlen können, sondern die, die die Nutzer tatsächlich haben wollen; nur dann können tatsächlich alle Lieferanten von Inhalten gleichrangig teilhaben. Ein Zwei-Klassen-Internet wird zu mehr Inhaltsarmut im Internet führen. Für Medien werden wir, wenigstens teilweise, eine Rückkehr zum Diktat der Vertriebsoligopole aus Übersee, wie wir sie vor dem Internet kannten, erleben.

Fassungslos stehe ich Ankündigungen der Telekom gegenüber, dass die Daten des Streaming-Dienstes Netflix nunmehr priorisiert werden.[10] Also werden außereuropäische Portale gegenüber den eigenen Portalen technisch bevorzugt. Und dafür gibt es auch noch Verständnis: Christoph Keese zitiert in seinem Buch „Silicon Germany" einen Telekom-Manager: „Vier Themen sind der Politik ganz wichtig: schnelle Netze, breiter Wettbewerb, Vorab-Regulierung der Tarife und gleich schnelle Beförderung aller Datenpakete. Alles auf einmal kann man aber nun einmal nicht bekommen."[11] Hier wird die Axt an die Netzneutralität angelegt.

Letztlich fällt die Netzneutralität in die moralische Kategorie einer zivilisatorischen Errungenschaft. Ein bisschen schwanger gibt es genauso wenig wie eine tolerante Definition der Netzneutralität. Da das Internet für Innovationen und geschäftliche Zwecke offen bleiben muss, ist es zwingend erforderlich, dass die Netzneutralität unangetastet bleibt. Ich vergleiche die Netzneutralität gerne mit einem anderen wichtigen Prinzip – der Abschaffung der Sklaverei. Erinnern wir uns an den US-amerikanischen Bürgerkrieg, in dem die Nordstaaten, die keine Sklaverei kannten, gegen die Südstaaten kämpften, die ihre Sklaven behalten wollten. Die Nordstaaten waren militärisch und ökonomisch überlegen, weil sie keine Sklaven hatten und daher wettbewerbsfähiger sein mussten – sie waren zivilisatorisch überlegen.

Eine ganz ähnliche Situation besteht bei der Netzneutralität: Es steht zu befürchten, dass die Regionen der Welt, die die Netzneutralität aufweichen, dauerhaft weniger wettbewerbsfähig sein werden als die Regionen der Welt, in denen die Netzneutralität Bestand hat. Denn ein Zwei-Klassen-Internet, oder neudeutsch-euphemistisch formuliert *Managed Services*, wird schon sehr schnell diejenigen begünstigen, die in der Lage sind, das nötige Kleingeld zu bezahlen, um sich einen

Wettbewerbsvorteil im Vertrieb zu verschaffen, so wie offenbar nun Netflix.

Die Aufweichung der Netzneutralität führt dazu, dass die Netzbetreiber steuern könnten, auf welche Art von *Content* Konsumenten zugreifen können. Zum Beispiel könnte ein Netzbetreiber, der ein Interesse an einem proprietären Inhalt besitzt, die Netzwerkposition nutzen, um sicherzustellen, dass dieser Inhalt im eigenen Netzwerk besser funktioniert als die Inhalte von anderen Herstellern oder Netzwerken. Darüber hinaus könnten Netzbetreiber Inhalte filtern, um den Zugriff auf Dienste, die mit ihren eigenen konkurrieren, zu blockieren oder zu beschränken. Dies wird zu verzerrten Marktbedingungen führen.

So ist die Gefahr real, dass Filtration und Differenzierung bald einen erheblichen Einfluss auf die Auswahl- und Verteilungsprozesse im Internet haben werden. Mit verschiedenen Themen wie Polizei, Jugendschutz, Krieg gegen Terror, Online-Piraterie oder Kinderpornographie ist es zunehmend gelungen, die Netzneutralitätsdebatte umzudrehen: Es gibt heute auch die Ansicht, Netzneutralität müsse eingeschränkt werden.

Noch bleibt auch in Europa die Netzneutralität als Prinzip erhalten, aber auf Definitionsebene hat man sie schon ausgehöhlt. Mit der Entscheidung der EU-Institutionen von 2015 wurde eine Definition der Netzneutralität beschlossen, die erstmalig Ausnahmen zulässt.[12] Das ist so, als ob man sagen würde: „Wir haben jetzt einen Pflegenotstand, und deshalb nehmen wir mal den Komplex Pflege aus dem Sklavereiverbot aus." Die Missbrauchsgefahr ist immens. Ich würde sagen, wie die Netzneutralität ist auch das Sklavereiverbot ein Prinzip, dem man nicht durch die Definitionsschraube beikommt – wer das Prinzip antastet, zerstört es sofort, und es zerbricht wie Glas. Daher müssen wir stets dafür arbeiten, dass diese Fehlentwicklungen zurückgedreht werden.

Ausnahmen sind sehr missbrauchsanfällig. Netzbetreiber und Anwendungsentwickler können sich hinter Ausnahmen verstecken, um ihren eigenen Inhalt zu priorisieren oder zu favorisieren. So kommt es darauf an, ob wir den Netzbetreibern und vor allem den Telekommunikationsunternehmen vertrauen, dass sie die europäischen Inhalte selbst dann weiterhin unterstützen, wenn die Übersee-Oligopole mehr bezahlen. Die realistische Antwort lautet: „Warum sollten sie?" Die Art und Weise, wie das iPhone in die europäischen Märkte eingeführt wurde, gibt einen Ausblick auf das, was passieren wird. Anstatt die Marktkräfte frei interagieren zu lassen, unterzeichnete Apple Exklusivverträge mit früher staatlichen nationalen europäischen Telekommunikationsanbietern.

Netzneutralität ist auch ein kultureller Wert, da sie grundsätzlich gleichberechtigten Zugang erlaubt. Netzneutralität ist folglich die Voraussetzung für kulturelle Vielfalt im Internet; sie bedeutet auf unterschiedlichem Niveau gleiche Inhalte vortragen zu können – eine große Chance für den demokratischen Prozess. Insoweit ist die Netzneutralität eine wichtige Voraussetzung für ein vielfältiges Deutschland und Europa sowie für eine offene und demokratische Gesellschaft westeuropäischen Musters. Gleiches muss für die Freiheit der Presse und die Informations- sowie die Meinungsfreiheit gelten. Der politische Missbrauch eines nicht-netzwerkneutralen Internets ist in einigen Teilen der Welt Realität. Das Briefgeheimnis und überhaupt die Kommunikationsgrundrechte unserer Verfassung müssen auch im Internet gewährleistet werden.

Angesichts der aktuellen Trends ist es leider denkbar, dass die fortgesetzte Zergliederung des Internets in ein Pay-to-Access-Modell zu einem Mehrgeschwindigkeits-Internet führen wird. Dies würde den Zugang von kleinen Akteuren drastisch beschränken, weil sie sich eine Präsenz auf großen Unternehmensnetzwerken nicht oder kaum leisten können. Vor allem aber würde es auch das Netz als Quelle von Innovation und Unternehmertum weiter schwächen. Der Erfolg des Internets ist auf seine offene Architektur zurückzuführen, die auch uneingeschränkt für Mobilfunknetze gelten sollte.

Die von Menschen gemachte Freiheit des Internets in den letzten 15 Jahren ist uns selbstverständlich geworden. Heute ist es die wichtigste Plattform für Kommunikation. Technologie und Regulierung gehen Hand in Hand: Vor 15 Jahren war das Internet wie der Wilde Westen, das Land des Trappers mit einer Pistole. Heute haben die Siedler Städte, Kirchen und Schulen gebaut. Um diese neue Gesellschaft zu strukturieren und ihr zu helfen, zu wachsen und zu gedeihen, sind neue Regelungen erforderlich. Diese dürfen aber nicht zulasten ihrer Zukunftsfähigkeit gehen.

Fassen wir die Ergebnisse zusammen:

- Netzwerke sollten in einem größeren Zusammenhang gesehen werden: Es gibt eine ganze Reihe davon.

- Plattform- und Netzwerkunternehmen in Deutschland müssen sich ihrer Rolle stärker bewusst werden.

- Der Netzausbau ist nur der Prolog der Innovationspolitik.

- Die Netzneutralität darf nicht angetastet werden.

ANFANGSNUTZER

Man muss der CDU zugutehalten, dass sie sich nach anfänglicher Zurückhaltung in den letzten Jahren mit den Themen der Digitalisierung befasst hat. Zeichen dieser Entwicklung ist, dass im CDU-Hauptquartier, dem Konrad-Adenauer-Haus in Berlin, einmal im Jahr ein netzpolitischer Kongress stattfindet. Es treten in der Regel drei bis vier Bundesminister auf, und natürlich die Bundeskanzlerin. 2016 hatte dieser Kreis den Gründer des Konzerns SAP, Hasso Plattner, zu Gast. Plattner baute als Berliner in Baden-Württemberg ein großes Unternehmen auf, weltweit führend bei Logistiksoftware für Unternehmen. Diese wird von unabhängigen Beratern implementiert, die versuchen, eine individuelle Software-Anpassung für das jeweilige Unternehmen zu ermöglichen. Das Geheimnis von Plattner und SAP, das sagte er mehrfach, ist die Konzentration auf das so genannte b2b-Geschäft. SAP ist heute das wertvollste deutsche Unternehmen.

Bei b2b, also *business to business,* geht es im Kern um ein Geschäft mit anderen Unternehmen. Der Endkonsument ist nicht vorgesehen, und deswegen muss man sich nicht besonders viel Mühe geben, das Produkt hübsch oder nutzerfreundlich zu gestalten. Effizienz und Leistungsfähigkeit stehen im Vordergrund. Ich nehme es Hasso Plattner wirklich nicht übel, dass er vorschlug, das b2b-Modell zur Grundlage der Digitalisierungsstrategie der Bundesregierung zu machen, immerhin ist das seine Geschäftsstrategie. Und er sprach auch über die „runden Ecken" von Apple und *Design Thinking.* Mehr Sorgen mache ich mir, dass auch die CDU-Führung den Gedanken charmant fand, für die Digitalisierung die Kräfte im b2b-Bereich zu konzentrieren. Ich halte das für brandgefährlich, denn wenn wir den Endkonsumenten aufgeben, dann geben wir uns auf.

Falsch, könnte man meinen, b2b entspricht so ganz unserer deutschen Seele. Mit den Konsumenten wollen wir doch eigentlich gar nichts zu tun haben. Und da ist in der Tat etwas Wahres dran. Ich muss zuge-

ben, dass ich von diesen Gedanken nicht frei bin. Ich fahre ja zum Beispiel alljährlich für mehrere Tage auf die gamescom nach Köln und
vermeide nach Kräften den Besuch des Konsumentenbereichs. Aber
das ist sicher eine verzeihliche Nachlässigkeit, denn ich bin nur Berater ohne direkte Produktverantwortung. Ein Kollege bei meinem ersten Job in Südkorea in der Trickfilmbranche erklärte mir damals das
b2b-Geschäft aus seiner Perspektive – wir machten damals Zeichen-
trickfilme für europäische Produktionsfirmen. Er sagte: „Malte, du
hast recht, wir schließen nur Verträge mit Produzenten und diese nur
mit Fernsehsendern. Was wir machen ist reines *b2b*-Geschäft, uns
kommt es primär darauf an, dass diese Geschäftspartner zufrieden
sind. Aber neben diesen *b2b*-Kunden müssen wir immer an die Kinder, unsere Endkonsumenten, denken. Nur wenn diese lächeln und
glücklich sind, ist unser Produkt gut und wir werden die nächsten
Aufträge bekommen." Selbst das *b2b*-Geschäft kommt am Endnutzer
nicht vorbei.

The empowered end-user ist also das etwas hohle Schlagwort, mit dem
schon viele Berater Aufträge gewonnen und doch nichts gesagt haben.
Jenseits des Schlagwortes müssen wir aber die beschriebenen Realitäten ernst nehmen. Durch die Digitalisierung rücken wir alle zusammen. Der Konsument wird transparenter, die Anbieter ebenso. Der
Konsument nimmt Arbeit ab, er gestaltet mit. Das macht er aber nur,
wenn es ihm Freude bereitet, denn er wird ja schließlich nicht fürs Arbeiten bezahlt.

Und: Deutschland ist ein sehr großer Markt. Können wir es uns leisten, den Blick auf 80 Millionen Endkonsumenten aufzugeben?
Deutschland ist mit seinen 80 Millionen Einwohnern eben nicht Ös-
terreich, Dänemark oder die Schweiz, die mit der ganzen Welt zusammenarbeiten können und müssen; bei uns leben viele Konsumenten,
und das sollten Politik und Wirtschaft nicht unterschätzen.

An dieser Stelle möchte ich eine Geschichte aus meiner Kindheit erzählen. Viele Eltern meiner Mitschüler damals in Starnberg arbeiteten

für den Siemens-Konzern. Ich erinnere mich an eine Debatte mit einem Vater, der an einem großen Computer arbeitete – vermutlich Mitte der 1980er-Jahre. Er erklärte mir, dass es zukünftig nur wenige große Computer auf der Welt geben und Siemens mit seiner Forschung vorne mit dabei sein werde: „Wenn wir Unternehmen mit Spezialcomputern ausstatten, dann hat das nichts mit den Geräten zu tun, die man neuerdings zu Hause aufstellen kann", sagte er mir, und sein Stolz schwang in der Stimme mit.

Es ist anders gekommen. Durch den Siegeszug des PC haben sich die Dinge anders entwickelt. Heute stellt Siemens keine großen Spezialcomputer mehr her. Ich habe die Argumente des Vaters aus Starnberg dann nach 25 Jahren wieder gehört, als ich mir in Berlin ein Büro einrichten musste. Mein damaliger IT-Techniker wollte mir einen Fujitsu-Siemens-Computer verkaufen mit der Begründung, es sei ein ganz anderes Gerät als ein üblicher Computer (und deshalb teurer). Als ich diesen Computer später dann in anderen Zusammenhängen verwendet habe, stellte ich fest, dass er von der Rechenleistung her eher unterdurchschnittlich war.

Der Siegeszug des Personal Computers, der auch und gerade mit den steigenden Anforderungen von Computerspielen zusammenhängt, ist eben nicht nur ein technisch-ökonomisches, er ist auch ein kulturelles Phänomen, das viel mit Emanzipation und mit der Demokratisierung von Arbeitsmitteln zu tun hat. Wir sind uns einig, dass Microsoft der große Nutznießer dieser Entwicklung gewesen ist. Und es war damals sicher visionär von Bill Gates, an den Personal Computer zu glauben, als es sonst noch niemand tat. Er schätzte den Endnutzer besser ein als viele, die die technischen Lösungen in den Vordergrund stellten. Auch wenn dieser hässlich war, wollten sehr viele einen Rechner zu Hause haben und einen zweiten im Büro. Viele kleine Hände haben dieses Netzwerk von interoperablen MS-DOS-Rechnern aufgebaut, weil sie etwas haben konnten, was ihnen gehörte, und zugleich die neuen Möglichkeiten nutzen konnten.

Ich denke heute manchmal an diese Anfänge, wenn ich an die neue *Microsoft-Cloud*-Strategie erinnert werde, die ja im Kern die Philosophie des *User-Driven* auf den Kopf stellt und wieder zu großen Rechenzentren zurückkehrt. Ich bin skeptisch, ob diese Strategie so aufgehen wird, und mich würde interessieren, was Bill Gates' persönliche Meinung zu dieser Entwicklung ist. Ich könnte mir vorstellen, dass sie das Werk seiner angestellten Manager ist. Mir ist es jedenfalls etwas unheimlich – insbesondere nach den Veröffentlichungen von Snowden –, wenn meine persönlichen Daten in irgendwelchen Rechenzentren liegen, die ich nicht kontrollieren kann. Das gilt unabhängig davon, ob diese inner- oder außerhalb Europas stehen. Ob ich damit zu einer Minderheit gehöre, weiß ich nicht.

Mit dem Rückzug auf *b2b* schlägt Deutschland einen bequemen Weg ein. In dieser Komfortzone richten wir Deutsche uns gerne ein, wenn wir uns mit den Herausforderungen der Konsumenten nicht auseinandersetzen wollen. Und so konzentrieren wir uns auf unsere natürlichen Stärken, wir stellen den Techniker und das Produkt in den Mittelpunkt. Das Verkaufen, das unsichere Element, auf den Marktplatz zu gehen und zu warten, wer da kommt, das vermeiden wir lieber. Man hat oft den Eindruck, dass wir in Deutschland nicht so gerne verkaufen; wir entwickeln lieber Produkte.

Für viele Deutsche ist das Verkaufen eine schäbige Angelegenheit, und der Kontakt mit dem Endkonsumenten ein erster unseriöser Schritt dahin. Diese Einstellung ist ein Ergebnis von Angst – *the German Angst*.[1] Angst, nicht angenommen zu werden, Angst, nicht geliebt zu werden, Angst, nicht die Wahrheit sagen zu dürfen. Wenn wir in Deutschland irgendein Erfolgsgeheimnis haben, irgendeine Besonderheit, warum wir so erfolgreich sind, dann ist es sicher unser gegenseitiges Vertrauen, das mit unserer besonderen Angst eigentümlich korreliert.

Ich bin überzeugt davon, dass es auf Deutsch besonders schwer ist zu lügen, viel schwerer als auf Englisch und Französisch jedenfalls. In keinem Land der Welt vergibt man so leichtfertig so viele Aufträge mit Lastschriftverfahren und erlaubt vielen unterschiedlichen Entitäten den letztlich kaum kontrollierbaren Zugriff auf das private Bankkonto. In Deutschland funktioniert das, weil wir uns gegenseitig vertrauen können, weil wir die Regeln einhalten und erwarten können, dass andere das auch tun – sehr effizient. Und wenn das nicht geschieht, dann bekommen wir alle Angst. Weil wir so offen sind, möchten wir den Schritt in die Öffentlichkeit nur dann tun, wenn wir die Wahrheit sagen können.

Wir wollen nicht lügen müssen, und Verkäufer müssen manchmal lügen oder zumindest nicht die ganze Wahrheit sagen. Spätestens seit Luther ist die Frage der Wahrheit und Aufrichtigkeit tief mit unserer Volksseele verknüpft. Übrigens ist das der Kern des Problems des VW-Abgasskandals: Die VW-Mitarbeiter und ihre Kunden, da bin ich mir sicher, haben in besonderem Maße an die Verlässlichkeit, die Ehrlichkeit und Glaubwürdigkeit dieses deutschesten aller deutschen Konzerne geglaubt. Dass gerade Volkswagen von den Yankees so dreist der Lüge überführt wurde, hat den Konzern ins Mark getroffen.

Im Herzen verachten wir Deutsche in der Mehrheit den Verkäufer – zu Unrecht. Mein Münchner Professor Rupert Scholz pflegte in der Vorlesung zu sagen, dass der Vater von Steffi Graf keine so lange Gefängnisstrafe wegen Steuerhinterziehung erhalten hätte, wenn er nicht Gebrauchtwagenhändler gewesen wäre. Aber die Zurückhaltung gegenüber dem Endkunden und dem Verkaufen müssen wir im Zeitalter der Digitalisierung wirklich überwinden. Denn in der digitalisierten Welt steht der Nutzer im Vordergrund und jeder ist ein Verkäufer.

Als ich neulich auf einer Veranstaltung im Berliner Reichstag war, trat ein Berater von McKinsey auf und erklärte, dass seine größte Sorge sei, dass die deutsche Automobilindustrie den Zugriff auf den Endkonsumenten verlieren würde. Das sei dann der Fall, erklärte der junge Mann überzeugend, wenn sich die Automobilindustrie Deutschlands mit den digitalen Plattformen wie IOS oder Android zusammentun und keine eigene digitale Plattform aufbauen würde.

Mittelfristig würden die Hersteller von Autos dann in die zweite Wertschöpfungsstufe zurückgedrängt und die Kommunikation mit dem Endnutzer würde verschwinden.

Das autonome Fahren ist hier ein ganz wichtiger Aspekt. Die deutsche Autoindustrie läuft Gefahr, den Anschluss zu verlieren, und zwar nicht unbedingt in Bezug auf die Technologieführerschaft, sondern in Bezug auf das Interface zum Endnutzer. Wenn wir an den Punkt kommen, dass unsere Autoindustrie, der wir den Transrapid und viele andere Dinge geopfert haben, nur noch in der zweiten Wertschöpfungsstufe hinter Google und Apple oder anderen vergleichbaren digitalen Anwendungen – wahrscheinlich aus den Vereinigten Staaten – steht, dann haben wir den Anschluss an den Endnutzer verpasst und unsere heilige Autoindustrie wird zu einer *b2b*-Lösung. Eine solche Entwicklung ist gar nicht so unwahrscheinlich. Es ist auf jeden Fall spannend zu sehen, wie sich die deutsche Autoindustrie diesen Herausforderungen zu stellen versucht, und man darf gespannt sein, ob eine Lösung gefunden wird.

Was ist also zu tun? Es scheint, dass unsere Stärken traditionell im Zentrum der Wertschöpfungskette liegen. Display- und Kameratechniken sind nahezu verschwunden und integrierte Systeme wie Spielkonsolen stammen auch nicht aus Deutschland. Es gilt, eine Brücke zu schlagen zwischen dem Hersteller und dem *Fan*. Bei Rovio, dem Hersteller von Angy Birds, spricht man nicht von Endnutzern oder Spielern, sondern von *Fans*. Persönlich finde ich den Begriff Endnutzer nicht besonders glücklich, weil er den Fan an das Ende der Produktkette stellt. Er sollte aber am Anfang der Überlegungen stehen: Anfangsnutzer trifft es daher besser.

Wir sollten vom Fan her denken und seine Perspektive einnehmen. Dann werden wir feststellen, dass große Teile unserer Wirtschaft heute zu einer so genannten *experience economy* geworden sind, ob wir das wollen oder nicht. Heute geht es um die Frage, welche Erfahrungen wir machen, wenn wir uns in unser neu gekauftes Auto setzen, wenn wir zu Aldi oder Lidl gehen (es lohnt sich) oder mit der Bahn fahren. Ich erinnere mich gerne an das entspannende Gefühl zurück, das man erhielt, wenn man früher in einem Zug Platz nahm und der Zug endlich anfuhr. Dann hatte man es geschafft. Davon ist man heute im häufig überfüllten Großraumwagen weit entfernt. Die ständigen Verspätungen und Pannen machen Bahnfahren heute zu einer ganz anderen – eher abenteuerlichen – Erfahrung.

Das vor allem nordische Konzept der *experience economy*[2] stellt die persönliche Erfahrung des Nutzers in den Mittelpunkt. Wir Deutschen glauben immer noch zu stark, dass das Produkt und dessen technische Leistung den entscheidenden Unterschied macht. Mir ist aufgefallen, dass in Deutschland anders als in den USA typischerweise die Leiter der technischen Abteilungen zum CEO berufen werden. Nach dem Motto: „Dem Ingenieur ist nichts zu schwör." In den USA sind es häufig Verkäufer, die hohe Positionen einnehmen, bis hin zum US-Präsidenten. Hier sind es die Verkäufer, die die Unternehmen leiten, weil sie die Kunden und ihre Bedürfnisse besser kennen und sich nicht zu schade sind, ihre Produkte zu verkaufen.

Eine der wichtigsten Grundlagen für die Zukunft sind innovative Geschäftsmodelle, die es wirklich ermöglichen, den Wettbewerb zwischen den Akteuren zu erhalten. Heute liegen die meisten Trümpfe klar in den Händen der überseeischen Riesen, die den Markt unter sich aufteilen. Sie zwingen europäischen Nutzern über ihre Herrschaft über die Platzierungsmöglichkeiten ihre Inhalte und Zugangsmöglichkeiten auf und verdienen sehr gut daran. Die europäischen Akteure haben nicht genug, um zu leben, und zu viel, um zu sterben. Zu Recht kritisiert Keese unsere Schwäche in der Plattformökonomie, plädiert aber dafür, dass „auch die Chancen stärker in den Blick genommen werden".[3]

Das wichtigste Mittel, um den Verkauf in der digitalen Ära zu organisieren, sind funktionierende Communities. Wir müssen lernen, in Fan-Communities zu denken. Der Aufbau von Communities ist vor allem eine kulturelle Herausforderung, bei der wir uns wieder an der Blaupause der Medienindustrie bedienen können. In Europa hängt das Internet immer mit den Marktmechanismen zusammen, die dadurch entstanden sind, dass wir kulturell noch keinen gemeinsamen europäischen digitalen Markt haben. Viele Internetdienste werden nur national und in nationalen Sprachen angeboten und können mit den Skalen- und Netzwerkeffekten der großen Anbieter aus Übersee nicht dauerhaft mithalten. Ein gutes Beispiel dafür ist der Niedergang von StudiVZ im Verhältnis zu Facebook. Diese Effekte gelten aber auch und vor allem für die Inhalte selbst.

Das Handwerk, Communities aufzubauen, ist eine Schlüsselkompetenz in Bezug auf die Kenntnisse über Benutzer und ihre Bedürfnisse – ein Handwerk, das gelernt sein möchte.[4] Dabei ist natürlich das Wissen um die Motivationslage der Nutzer von besonderer Bedeutung. Interessant ist, dass plötzlich alte analoge Kompetenzen wie Authentizität, Haltung und Stil an Bedeutung gewinnen. Auch hier können wir von Computerspielen lernen, denn in keiner anderen Softwarebranche werden die Produkte nur aus Spaß an der Freude gekauft. Nirgends ist man näher am Konsumenten und stärker auf die intrinsische Motivation des Nutzers angewiesen als hier. Seit den frühen Tagen des Internets hat Europa um seine Position in der digitalen Unterhaltung gekämpft. In Teilbereichen wie Online- und Handy-Spielen haben die Europäer durch den Einsatz von innovativen Geschäftsmodellen und den Verkauf von qualitativ hochwertigen Produkten wieder an Boden gewinnen können. Wir unterscheiden den *unique User,* der eigenständig kommende Nutzer, vom *generic User,* der eingekauft oder anderweitig angeworben wurde. Die stärksten Nutzer sind die *unique User,* die aus eigener intrinsischer Motivation kommen, also frei sind. Diese zu begeistern und auf Dauer bei der Stange zu halten, ist harte Arbeit. Aber es ist Arbeit, die sich lohnt.

Für die digitale Ebene gilt, dass inhaltliche Vielfalt aktiver Unterstützung bedarf. Skalen- und Netzwerkeffekte schlagen unerbittlich zu Buche, und Größe wird überproportional bevorteilt. Vielfaltsförderung, wie wir sie aus der Buchpreisbindung, der Filmförderung, dem öffentlich-rechtlichen Fernsehen und im Presse-Grosso kennen, muss auch für digitale Güter implementiert werden. Dabei sollten die Möglichkeiten der Digitalisierung für Kultur und Medien positiv beschrieben werden: Die Möglichkeiten, jenseits der klassischen internationalen Vertriebsoligopole neue Medienkultur entstehen zu lassen, sind sehr groß und gerade für Europa und Deutschland mit seinen kleinteiligen Strukturen fruchtbar zu machen. Auch die kulturelle Dimension spielt hier eine Rolle. Insofern ist das Internet selbst Kultur – jedenfalls in Teilen. Es ist wichtig, dass Sprachbarrieren im Internet überwunden werden. Dominierende Akteure werden Sprachen wohl nicht anpassen und Inhalte für kleine Sprachen und Kulturen lokalisieren. Europas kulturelle Ungleichheit – positiv formuliert, seine Diversität – muss auch hinsichtlich seiner Digitalkultur bewahrt werden.

In diesem Zusammenhang sei bemerkt, dass sich der Begriff des Qualitätsjournalismus einem Wandel unterziehen wird. In zehn Jahren werden wir etwas ganz anderes unter Qualitätsjournalismus verstehen als heute. Die Print-Industrie durchlebt gerade den *digital shift*, den vor ihr schon andere Medienindustrien erlebt haben. Besonders problematisch ist die Veränderung der Verlagswelt im Hinblick auf die Funktion als sogenannte vierte Gewalt. Ihre Aufgabe ist es, politisches Handeln zu kontrollieren und öffentlich zu machen. Durch die Veränderung der Öffentlichkeitsstrukturen entstehen hier Effekte, die auch unter demokratietheoretischen Gesichtspunkten bedenklich sind. Die wirtschaftliche und publizistische Vorherrschaft des Mediums Print gerät ins Wanken, und es ist unklar ob und wie die Lücke für die politische Information flächendeckend und generationsübergreifend gefüllt werden wird. Wir erleben einen neuen Strukturwandel der Öffentlichkeit von ungeahntem Ausmaß. Die Vielfalt der Meinungen ist im politischen Diskurs wichtig. Dabei wissen wir von Habermas, dass sich durch Propaganda „in der Regel gerade die, die sich einer diskutant gebildeten öffentlichen Meinung aufgrund ihrer Disposition am entschiedensten entziehen, noch am ehesten in ihrer Auffassung beeinflussen"[5] lassen. Das bedeutet, dass die wahlentscheidenden Wechselwähler häufig keine harten politischen Informationen konsumieren, sondern vor allem unterhaltende Medien wahrnehmen, die dann die Wahlentscheidung auslösen. Insofern verschwimmt die Unterscheidung zwischen Informationsmedien und Unterhaltungsmedien zunehmend.

Computerspiele sind letztlich ein audiovisuelles Medium. Dass es bei *Games* eine andere Vorstellung von Vielfalt gibt, hängt auch mit den Finanzierungsmöglichkeiten zusammen. Den Kritikern von Computerspielen halte ich in diesem Zusammenhang vor, dass Computerspiele in Deutschland in der Produktion kaum unterstützt werden. Andere Medienproduktionen allerdings schon, und zwar eben nicht nur die Filmproduktion, sondern auch das Fernsehen und über andere Mechanismen weitere Medien. Wenn es für Computerspiele mehr alternative Finanzierungsmöglichkeiten gäbe, dann gäbe es auch in diesem Bereich noch mehr Vielfalt.

Der Aufstieg des *Online-Content*-Marktes hat nicht nur Chancen für kreative, qualitätsgesteuerte Inhalte geschaffen, sondern auch Chancen für Regulatoren. Die Herausforderung besteht darin, regulatorische und technologische Lösungen zu finden, die uns angesichts der schnellen Veränderungen des digitalen Zeitalters robust aufstellen. Wir dürfen die kulturellen Errungenschaften der Digitalisierung nicht abwürgen oder gar zerstören. Ziel muss sein, Innovation und Veränderung in einer Welt zu erlauben, in der *Content*-Netzwerke das Gesicht des Internets sind. Wahrscheinlich verhindern die komplizierten Bund-Länder-Beziehungen in Bezug auf die Medien viele pragmatische Regulierungsmöglichkeiten. Daher sollte darüber nachgedacht werden, ob die betreffenden Kompetenzen nicht zunehmend auf Bundesebene gebündelt werden können. Heute ist es leider oft so, dass erst eine Regelung der EU den internen Länderkonflikt beilegt, da dem Bund dann die Hände gebunden sind.

In jedem Einzelfall geht es um Inhalte und Geschäftsmodelle. Denn die Wahrnehmung des Mediums durch den Fan geschieht durch die Inhalte selbst. Leider hat sich die Innovationspolitik bisher nur auf den technologischen Push verlassen. Aber der nutzergetriebene Pull-

Ansatz ist mindestens genauso bedeutsam, nicht-technologische Aspekte des Innovationsprozesses wie Design und Marketing werden
immer wichtiger.

Regulatorisch kulminieren die Fragen in zwei Bereichen: dem der
Haftungsbeschränkungen der *Internet-Service-Provider* und dem der
Sicherheit von persönlichen Daten. Auf digitalen Märkten muss das
Gleichgewicht zwischen dem Recht auf Information und Datenschutz
abgewogen werden mit den Möglichkeiten, innovative Geschäftsmodelle zu entwickeln. Wichtig sind hier auch die Freiheit der Kunst, die
Freiheit der Kommunikation und die freie Zirkulation von Werken,
Ideen und Fachwissen. An den entgegengesetzten Enden der Wertschöpfungskette brauchen die Hersteller und Nutzer ein zuverlässiges, ein offenes und ein freies Ende-zu-Ende-Szenario. Nichtdiskrimi-
nierender Zugang und Behandlung müssen durchgesetzt werden.

Datenschutz ist offensichtlich ein großes Anliegen, aber auch er darf
nichts kaputt machen. Insbesondere unter Berücksichtigung des
freien Informationsflusses und des mangelnden Datenbewusstseins
ist die Privatsphäre immer nur so weit gewährleistet, wie es Technik
und Regulierung ermöglichen. Sicher ist, dass die übermäßigen Begrenzungen des Datenschutzes häufig eher innovationsfeindlich sind.
Es ist daher zunächst ein Fortschritt, dass ab 2018 nunmehr ein ein-
heitliches Datenschutzrecht in ganz Europa gelten wird. Trotzdem bin
ich darüber hinaus – in Maßen – für eine gewisse Offenheit dem
Thema gegenüber. Ein zu restriktiver Datenschutz schwächt möglicherweise den ohnehin benachteiligten digitalen Wirtschaftsstandort
Europa noch weiter.

Informationsgesetze können zudem missbraucht werden, um dominante Marktpositionen zu schaffen. Vor einigen Jahren hatten Netz-
werk- und Internetdienstleister noch keinen systematischen Überblick
über den Inhalt in ihrem Netzwerk. Das erlaubte die Regulierung
nicht. Aber in den letzten Jahren hat sich das Gleichgewicht verschoben: Dabei haben sich nicht unbedingt die Regeln gelockert, sondern

die technischen Möglichkeiten sind heute andere, wie Snowden eindrucksvoll belegte. Die Privatsphäre spielt heute – auch angesichts
des Kriegs gegen den Terrorismus – eine andere Rolle.

Tatsächlich ist es eine wichtige Erkenntnis, dass mit dem *mobile shift*
der Zugriff zum Endkonsumenten wieder erschwert wurde. Während
im offenen und freien Internet jeder Hersteller direkt mit dem Nutzer
in Verbindung treten konnte, was zugleich große Einsparpotenziale
mit sich brachte, ist es nun so, dass man nur über *App Stores* miteinander kommuniziert. Heute sind *App Stores* zwar den Inhalten gegenüber noch agnostisch, aber die Daten der Nutzer bleiben den Herstellern der Apps weitgehend verborgen.

Zunächst geht es dabei um Geld. Der Massenmarkt ist der Konsumen-
tenmarkt und der Abschied davon zugleich der Abschied vom wirklichen Geschäft. Aber es geht um mehr: Es geht darum, dass wir ohne
unmittelbare Nutzer unser Wissen um die Bedürfnisse der Nutzer,
ihre Gefühle und Kenntnisse immer stärker verlieren. Wir Deutschen
sind dann zwar immer noch die Hersteller der Spezialschrauben und
besonderer technischer Geräte, aber wir verlieren mit dem Zugang
zum Konsumenten das Wissen über den Markt.

Für mich ist das beste Beispiel Nokia. Damals, als die europäischen
Telekom-Konzerne Nokia den Rücken zukehrten und sich Apple zu-
wandten, blieb Nokia-Siemens nicht viel anderes übrig, als sich neue
Partner zu suchen – Microsoft. Aber der Preis, den Nokia zahlte, war
der eigene Zugang zum Endkonsumenten. Sie konzentrierten sich auf
die Microsoft-Plattform und gaben ihre eigene, die auf offenen, inter-
netbasierten Modellen beruhte, damit auf. Damit unterwarfen sie sich
letztlich einer fremden Herrschaft. Wir wissen alle, dass Nokia in der
Handysparte den Übergang auf das Microsoft-Betriebssystem nur
wenige Jahre überlebt hat. Letztendlich wickelte Microsoft sein Nokia
weitgehend ab – das Experiment ist gescheitert und die größte Er-
folgsgeschichte Europas der digitalen Ära war beendet. So schnell
kann es gehen, wenn man den Zugang zum Endkonsumenten aufgibt.
SAP ist ein großes – ein großartiges – Nischenprodukt. Aber das ist

die Ausnahme und nicht die Regel. SAP funktioniert deshalb, weil andere Partner das Endkonsumenten-Geschäft bedienen, so als ob man sich den Markt ein Stück weit aufgeteilt hätte. Wir dürfen den Massenmarkt nicht aufgeben, denn nur so lernen wir unsere Anfangsnutzer kennen.

Fassen wir die Ergebnisse zusammen:

- Der Rückzug auf *b2b* bedeutet Selbstaufgabe.

- Wir müssen lernen, vom Anfangsnutzer her zu denken.

- Regulierung, z.B. Datenschutz, sollte nicht auf Kosten des Erfolgs des Internets gehen.

- Durch den *mobile shift* wurde der Zugriff auf den Endverbraucher wieder erschwert.

GEISTIGES EIGENTUM

Als ich vierzehn oder fünfzehn war, Mitte der 1980er Jahre, fuhr meine Familie mehrere Male in die Toskana in die Ferien. Wir wohnten bei Peter Hussmann; er lebte als Witwer allein in einer Villa hoch über dem ligurischen Badeort Pietrasanta auf etwa 250 Höhenmetern. Bei gutem Wetter konnte man Korsika sehen. Hussmann war Erfinder und lebte von seinen Erfindungen. Er hatte bereits vor dem Zweiten Weltkrieg das Pektin entdeckt, wie man mir damals als pubertierendem Jungen erklärte, die Grundlage für unser heutiges Puddingpulver. Mit Kriegsende hatte er seine Patente verloren und war nach Italien übergesiedelt, wo er sich mit Gefriertrocknung beschäftigte und entscheidende Beiträge zur Weiterentwicklung von Nescafé lieferte.

Als ich Peter Hussmann kennenlernte, war er weit über siebzig Jahre alt, hatte mit meinem Vater beruflich Kontakt aufgenommen und ihn und seine Familie (also auch mich) nach Italien eingeladen. Hussmann hatte gerade eine Maschine entwickelt, die Bitterstoffe aus der Lupine extrahierte. Lupinen sind Pflanzen südamerikanischen Ursprungs, die mit ihren eiweißhaltigen Früchten große Mengen an pflanzlichen Proteinen bilden und mit den Wurzeln Stickstoff produzieren und dadurch die Bodenqualität verbessern. Der Nachteil von Lupinen ist, dass ihre eiweißhaltigen Früchte Bitterstoffe enthalten, die sie für den Menschen ungenießbar machen. Hussmanns Erfindung basierte auf Techniken, die Indianerstämme einsetzten, um die bitteren Stoffe aus den Lupinen herauszuwaschen und diese für den Menschen verzehrbar machten.

Unser Gastgeber betrieb eine Art Erfindungslabor in Florenz, zu dem er täglich mit seinem braunen Porsche Targa (das war für mich eigentlich das Tollste) pendelte. Dort befand sich seine Versuchsanlage, mit der er sehr proteinhaltige pflanzliche Produkte entwickelte, die als Fleischersatz und für die Futtermittelindustrie dienten. Für seine Erfindung hatte er natürlich ein Patent angemeldet. Ich erinnere mich noch genau, dass ich als 15-Jähriger mit einem anderen etwa gleichaltrigen Jungen zum Spielen rausgeschickt wurde, weil dessen Vater, ein Mitarbeiter des deutschen Bundesforschungsministeriums aus Bonn, ebenfalls Ferien in der Toskana machte und einen Blick auf diese neue Technologie werfen wollte.

Ebenso erinnere mich an einen Herrn Batalliard, einen Schweizer Bankier. In den zwei bis drei Jahren, in denen wir immer wieder dorthin fuhren, spielte sich vor unseren Augen ein kleiner Krimi ab. Erst viel später habe ich verstanden, dass das eine ziemlich einzigartige Geschichte war, die ich da miterlebt hatte. Peter Hussmann überschrieb in einem jahrelangen Übernahmestreit scheibchenweise dieses Patent für insgesamt eine Million Mark – damals ein Haufen Geld – jenem Schweizer Bankier. Dieser setzte das Patent allerdings nicht um, sondern ließ es in einem Schweizer Banktresor verschwinden. Er handelte damals im Auftrag großer US-amerikanischer Sojabohnen-Importeure, die Sorge hatten, dass statt Soja das Eiweiß der Lupine dem Kraftfutter für Tiere in Europa beigemischt werden könnte. Hussmann war der Ansicht, dass die Produktion von Soja auf den US-amerikanischen Äckern sehr umweltschädlich sei. Äcker, auf denen Lupinen wachsen würden, müsste man zudem nicht mehr künstlich düngen. Deshalb betrachtete die Kunstdüngerindustrie das Patent ebenfalls mit kritischen Augen. Viel später – vielleicht 20 Jahre später – ist das Patent vermutlich ausgelaufen, denn heute gibt es ja mitunter Lupinenprodukte als Fleischersatz.

An dieser Geschichte, die mich als Jugendlicher stark geprägt hat, interessierte mich vor allem die Tatsache, dass eine Innovation zugunsten eines schlechteren Produktes durch die Intervention einer starken Lobbygruppe vom Markt ferngehalten wurde. Dass dies möglich war, hing mit dem angemeldeten Patent zusammen. Hussmann hatte zwar ein Patent angemeldet, das seine Erfindung schützte, dennoch sollte sie nie in den Markt gelangen, weil es mächtige Industriestrukturen schafften, seine Erfindung verbindlich, effizient und auf Dauer aus dem Innovationskreislauf zu entfernen. Ohne Patent wäre das so nicht möglich gewesen.

Ich habe später ähnliche Geschichten gehört und erfahren, dass es heute nur noch ganz wenige freie Erfinder gibt. Eine umso größere Rolle spielt gegenwärtig die Regulierung des geistigen Eigentums. Schützt sie im Kern die Erfindung und seinen Erfinder? Oder macht sie zunächst einmal geistiges Eigentum verkehrsfähig und damit zu einer Ware?

Anders gefragt: Ist es richtig, dass Innovation dort entsteht, wo das geistige Eigentum besonders gut und sorgfältig geschützt wird? Wenn man heute ein Meinungsbild zu der Frage, wie man Innovationen am besten schützen könnte, in Auftrag geben würde, bin ich mir sicher, dass die Befragten mehrheitlich annehmen würden, dass mit einer Stärkung des Schutzes des geistigen Eigentums zugleich der Innovationsschutz steige. Das ist die landläufige Ansicht. Sogar die Bundesregierung misst bis heute die Innovationskraft an der Höhe der Patentanmeldungen.

Aber stimmt das wirklich? Ich wage das zu bezweifeln, und ich weiß, dass ich mich damit in Widerspruch zu vielen anderen Wissenschaftlern aus dem Bereich der Rechtswissenschaften, aber auch aus dem Bereich der Wirtschaftswissenschaften begebe.

Im Grunde gibt es kaum eine Korrelation zwischen dem Schutz geistigen Eigentums und Innovation.[1] Innovationen werden durch eine Verbesserung des Schutzes von geistigem Eigentum, darauf möchte ich mich festlegen, nicht zwingend am besten gefördert. Manchmal schützt das geistige Eigentum den Erfinder und seine Erfindung, manchmal aber auch nicht, jedenfalls nicht im Sinne einer fortschreitenden Innovation, wie obiges Beispiel eindrucksvoll belegt.

Das ideale Ökosystem für Innovationen ist nicht das System mit einem besonders intensiven Schutz des geistigen Eigentums. Ein interessantes Beispiel: Aktuell haben wir eine massiv einsetzende Mode im Bereich der 3D-Drucker. Diese Entwicklung war möglich, weil die 3D-Drucker-Patente, die vor über 20 Jahren angemeldet worden waren, in den letzten Jahren ausgelaufen sind. Nunmehr konnten patentfreie 3D-Drucker von Jungunternehmern in den Markt gebracht werden. Das zeigt, dass Innovation häufig erst dann stattfindet, wenn der Patentschutz ausgelaufen ist.

Ein anderer Fall wurde mir in Brüssel erzählt. Er betrifft das Unternehmen Philips. Dazu muss man wissen, dass Philips eigentlich der einzige Weltkonzern ist, den die Niederlande haben. Die niederländische Regierung macht daher alles möglich, was Philips will. Philips hatte zwei umweltschonende Leuchtmittel entwickelt, die Energiesparlampe und die LED-Birne. Doch statt gleich die umweltschonendere LED-Lampe in den Markt einzuführen, sorgte Philips zunächst dafür, dass die EU die alten Glühbirnen verbot und die Sparleuchte förderte. Erst jetzt, da alle diese Birnen gekauft und benutzt haben, werden die LED-Lampen vorgeschrieben. Der Grund ist banal: Andernfalls hätte der Konzern die Entwicklungskosten, die in die Sparleuchte geflossen sind, nicht wieder hereinholen können. Ähnlich verhielt es sich übrigens bei Flachbildschirmen. Diese wurden in Europa entwickelt, aber die Hersteller hielten sie vom Markt zurück, bis sich die Investitionen in die Vorgängergeräte amortisiert hatten. So der Plan. Doch dann sind ihnen die Asiaten zuvorgekommen. Ende Gelände. So kann man sich selbst austricksen.

Aber auch das Gegenteil ist sicherlich falsch: Eine Absenkung des Schutzniveaus fördert Innovationen nicht. Nehmen wir den Fall Wolfgang Amadeus Mozart, der für die Einführung des Urheberrechts in Deutschland so wichtig war. Das Argument war, dass Mozart, obgleich er schon zu Lebzeiten sehr berühmt war und überall in Europa gespielt wurde, in einem Armengrab beigesetzt werden musste. Da es damals noch kein Urheberrecht gab, konnte Mozart nicht von seinem geistigen Eigentum profitieren. Dieses Argument ist immer noch richtig.

Lassen wir die Fragen des geistigen Eigentums also völlig unbeachtet, besteht die Gefahr, dass Autoren, Urheber oder Erfinder überhaupt nicht von ihren Schöpfungen und Erfindungen profitieren können. Wir erinnern uns an das geteilte Deutschland. In der DDR gehörten die Gebäude dem Staat und waren dem Verfall preisgegeben. Als dann das Privateigentum an Grundstücken im Ostteil unseres Landes wieder eingeführt wurde, gab es plötzlich wieder prächtige Fassaden, und selbst die Aufzüge funktionierten. Das Privateigentum hat eine sehr heilsame Wirkung für die Wirtschaftsordnung. Ich erinnere zudem an die Öffnung der Medienordnung im Fernsehbereich für private Anbieter. Plötzlich kam eine ganz neue Dynamik in den Markt, die man sich vorher nicht hatte vorstellen können.

Wer sich mit der Geschichte des geistigen Eigentums beschäftigt, stellt fest, dass diese gar nicht so alt ist wie manche meinen. Ich erinnere mich, dass ich vor einigen Jahren auf einem Podium saß, wo neben mir ein Vertreter der Verlagswirtschaft die Meinung vertrat, dass das Urheberrecht schon so alt sei wie die Druckerpresse, die bekanntlich um 1440 in Deutschland erfunden wurde. Dem bin ich entgegengetreten: Das geistige Eigentum ist der letzte Baustein unserer Eigentumsordnung, und er ist auch der jüngste. Schon die Römer kannten zwar Privateigentum an beweglichen Sachen (einschließlich Sklaven) und schon ein – wenn auch weniger ausgestaltetes – Eigentumsrecht an Grundstücken. Letzteres hat sich dann viel später mit der Einführung von Grundbuchämtern weiterentwickelt.

Das geistige Eigentum ist erst viel später dazugekommen. Letztlich ist es ein Kind der ersten industriellen Revolution. Das Konzept des geistigen Eigentums ist in Frankreich im Bereich Urheberrecht und in England in Bezug auf das Patentrecht entstanden. Deutschland hat sich Ende des 19. Jahrhundert viel Zeit gelassen, um diese Regeln zu übernehmen. Wir haben damals getan, was wir heute den asiatischen Staaten vorwerfen. Wir haben erst kopiert und dann besser und schneller produziert. Die Regeln des geistigen Eigentums wurden erst viele Jahre später, im letzten Jahrzehnt des 19. Jahrhunderts – nach unserer Aufholjagd – in Deutschland etabliert.

Wichtig ist zu verstehen, dass nach unserer Verfassung die Vorstellung besteht, dass der Gesetzgeber die Fragen von Inhalt und Schranken der Eigentumsordnung regelt.[2] Das heißt für uns, dass wir in seiner konkreten Ausgestaltung kein vorrechtliches Eigentumsrecht kennen, auch wenn das Eigentum in seinem Substrat schon mehrere tausend Jahre existiert. Inhalt und Schranken dieser Eigentumsordnung werden als Ausdruck der jeweiligen Epoche durch Gesetze geregelt. Jede Eigentumsordnung ist also ein Ausdruck ihrer Zeit. Theoretisch kann der Gesetzgeber entscheiden, wie im Einzelnen das geistige Eigentum ausgestaltet wird und wo dessen Grenzen liegen.

Dabei müssen wir uns aber keine Illusionen machen. Denn das Konzept des Eigentums als solches ist eine starke Position, die eine große Eigendynamik entfaltet: Das Eigentum als Rechtsinstitut entwickelt eine raumgreifende Selbstständigkeit. Interessant ist zum Beispiel, dass in Deutschland Fernsehformate nicht eigentumsfähig sind. Dies hat der Bundesgerichtshof schon vor Längerem[3] entschieden. Trotzdem gibt es einen lebhaften Handel mit entsprechenden Rechten, die nach dem Gesetz eigentlich gar nicht existieren können.

Ich erkläre das am liebsten am Beispiel der Besiedelung der Vereinigten Staaten. Die weißen Siedler kannten das individuelle Recht auf Eigentum an Grundstücken und parzellierten das Land. Die amerikanischen Ureinwohner kannten dieses Konzept in ihrer Kultur nicht. Sie glaubten, dass das Land allen gehörte, sie überall jagen und durchs Land ziehen konnten. Diese unterschiedlichen Konzepte von Eigentum an Grundstücken führten schließlich dazu, dass diejenigen, die das individuelle Konzept des Privateigentums hatten, die Überhand gewannen. Und zwar unabhängig davon, ob sie Feuerwaffen hatten oder nicht. Was ich damit sagen will, ist, dass diejenigen, die das Eigentum bereits für sich reklamieren, obwohl die endgültige Eigentumsordnung an diesem Punkt noch nicht geklärt ist, mit großer Wahrscheinlichkeit ihr Eigentum behalten werden können.

Im Zeitalter der Digitalisierung gewinnt das geistige Eigentum in zunehmendem Maße an Bedeutung. Hier spielen unsere Erfahrungen in der Medienindustrie als Blaupause eine Schlüsselrolle. Dabei haben wir uns in Europa für einen etwas weniger radikalen Weg entschieden als die Vereinigten Staaten. Wir kennen zum Beispiel keine Software-patente, was ich persönlich sehr begrüße, weil das Tempo an Innovationen in diesem Bereich sehr hoch ist. Zudem kennen wir keine Eigentumsrechte an der DNA menschlicher Embryonen. Auch unser Urheberrecht ist stets an den Autor gebunden und damit weniger handelbar.

Die sogenannte freie Software-Bewegung oder ähnlich die *Open Source*-Bewegung verfolgt dagegen einen ganz anderen Ansatz. Hier werden Software-Innovationen grundsätzlich der gesamten offenen *Community* zur Verfügung gestellt und – in der Theorie – von ihr weiterentwickelt. Anders als gemeinhin angenommen, sind die theoretischen Grundlagen dazu im Wesentlichen in Kalifornien entstanden. [4] Der Durchbruch kam, als der Norweger Linus Torvalds das sogenannte Linux-Betriebssystem entwickelte, auf dessen Grundlage eine echte Alternative zum Microsoft-Betriebssystem MS-DOS entstehen konnte. Das Konzept einer *Open Source*-Struktur, die an die Stelle eines vom Eigentumsprinzip getragenen Software-Lizenz-Systems tritt, hat Professionelle und Aktivisten weltweit fasziniert, auch wenn es im Massenmarkt eine geringere Rolle spielt. Langfristig konnte es sich nur in speziellen Märkten durchsetzen. Dabei geht es nicht nur um Technologie, sondern auch um Werte. Für mich ist die Verkörperung des professionellen freien Software-Entwicklers immer noch die Romanfigur Lisbeth Salander des schwedischen Autors und Journalisten Stieg Larsson. Natürlich ist sie nur eine Kunstfigur, aber sie hat die Ideale und Vorstellungen von Freiheit, Toleranz, „Anderssein" und moralischer Integrität in der digitalen Welt, die für die *Community* von Bedeutung sind, glaubwürdig zusammengeführt. Diese Haltung liefert wertvolle Impulse.

Man darf nicht vergessen, dass das Internet als World Wide Web aus den Händen von Personen kam, die sehr darauf bedacht waren, dass die Grundstruktur des Internets nicht zu sehr von kommerziellen Interessen und vor allem von Monopolen dominiert werden kann. Diese Werte des Internets, seine Offenheit in der Architektur, die Neutralität der Netze, sind sein Erfolgsgeheimnis. Das Internet gehört eben gerade niemandem, auch nicht – wie viele glauben – der US-Administration. In vielerlei Hinsicht hält diese Architektur das Internet offen für Innovationen.

Auf der anderen Seite müssen wir sehen, dass wir eine effektive Eigentumsordnung haben möchten. Wir wollen das geistige Eigentum nicht schleifen. Das heißt aber auch, dass wir es effektiv durchsetzen müssen und seine Verletzung verfolgt werden muss. Piraterie war und ist vor allem in Ländern wie Deutschland, Frankreich und Schweden ein Problem, und das ist nicht gut. Europa, als klassischer Netto-*Content*-Importeur, hat darunter zunächst weniger gelitten als es von der Piraterie profitierte. Später begannen professionelle Abmahnwellen, die kleine Fische häufig über Gebühr getroffen haben. Hier haben vor allem die von der Musikindustrie initiierten Gegenmaßnahmen jedes Maß verloren: Kampagnen im Bereich der hunderttausendfach verschickten Abmahnungen haben wenige Rechtsanwälte sehr reich gemacht – auf Kosten vieler kleiner, letztlich nicht besonders schuldiger Akteure – das ist ein Riesenskandal. Das bleibende Verdienst der ehemaligen Justizministerin Sabine Leutheusser-Schnarrenberger in der letzten schwarz-gelben Koalition war, dass sie sich strikt weigerte, Maßnahmen zu ergreifen, die noch stärker zugunsten der Pirateriebekämpfung ausschlugen. Insbesondere hat sie verhindert, dass die Netzneutralität auf dem Altar der Pirateriebekämpfung geopfert wurde.

Die Frage des geistigen Eigentums in unserer digital vernetzten Welt ist also eine komplizierte Frage, in der unterschiedliche Denkschulen und Prinzipien miteinander in widerstreitenden Interessen stehen. Die Abwägung zwischen den Denkschulen und ihren jeweils favorisierten Konzepten fällt häufig – aus Mangel an alle Protagonisten überzeugenden Konzepten – zugunsten des bestehenden Rechtssystems aus. Denn die verantwortlichen Parlamentarier wissen einfach nicht genau, was sie tun sollen. Die so unterschiedlichen Interessen und unterschiedlichen Wahrheitsbilder und Wahrnehmungshorizonte erschweren eine klare Positionierung. Insoweit ist es schon einmal ein Fortschritt, wenn sich die Überzeugung festigt, dass zwischen Innovation und dem Schutz des Urheberrechts kein unmittelbarer Zusammenhang besteht.[5]

Ich bin trotzdem davon überzeugt, dass unsere digital vernetzte Wirtschaftsordnung ein neues Konzept des geistigen Eigentums braucht. Schon vor Jahren hatte der Berliner Intellektuelle Volker Grassmuck[6] vorgeschlagen, eine allgemeine Abgabe zu erheben und diese auf alle Künstler zu verteilen; zugleich sollte das Urheberrecht freigegeben werden und so eine urheberrechtlich-eigentumsrechtliche Positionierung kompensiert werden. Dieses – als Gedankenspiel – interessante Konzept wurde natürlich vor allem von den mächtigen *Content*-Importeuren in Deutschland verhindert. Und auch ich sehe in der Umsetzungspraxis in unserer weltweit vernetzten und vermachteten digitalen Welt viele ungelöste Probleme – heute mehr denn je.

Denkbar ist, dass wieder einmal das Konzept des privaten Eigentums über das Konzept des Eigentums der Allgemeinheit obsiegt: Die dem Eigentum innewohnende Eigendynamik kommt wieder zum Zuge. Und es ist sicher richtig, dass das Privateigentum im geistigen Umfeld seine besondere Berechtigung hat. Die optimale Verwendung von Ressourcen wird durch das Privateigentum sichergestellt. Aber wir müssen Missbrauch strenger kontrollieren. Wir müssen zu verhindern versuchen, dass Patente in der Schublade verschwinden und Innovationen blockiert werden. Denn es gibt einen Zusammenhang zwischen Innovationsbehinderung durch die existierende Wirtschaft und Regelungen zum Schutze des geistigen Eigentums.

Wir müssen begreifen, dass es großen Unternehmen recht ist, wenn es nur wenige aktuelle Popsongs gibt und keine von ihnen unkontrollierbare Verbreitung (worauf Tim Renner frühzeitig hingewiesen hat). Wir dürfen uns nicht blenden lassen, Wettbewerbsrecht existiert im Medien-Business kaum. Wir müssen erkennen, dass es einen Zusammenhang gibt zwischen dem gesteigerten Bewusstsein, in dem zum

Beispiel in der Grundschule meiner Tochter die Bedeutung von Urheberrechtsverletzungen zum allgemeinen Unterrichtsstoff gehört, und der Tatsache, dass ein Unternehmen wie Disney über ein ganzes Quartal mit Star Wars sämtliche Marketingkanäle bespielen und einen großen Einfluss auf unsere Kindheit und Jugend ausüben kann. Wenn wir das Pendel zu stark zugunsten derjenigen ausschlagen lassen, die sich auf ihr Eigentum berufen, wird das Innovationsklima leiden. Aber auch, wenn das Pendel in die andere Richtung ausschlägt, nützt es keinem.

Hauptprofiteure unserer gestiegenen Aufmerksamkeit für das Urheberrecht sind *Content*-Importeure, also die alten Vertriebsoligopole aus Übersee. Eigentlich hatten wir gehofft, diese bösen Geister mit dem *digital shift* abschütteln zu können. Große Unternehmen profitieren am meisten von dieser erhöhten Sensibilität, und wir müssen uns bewusst machen, dass zwischen 2000 und 2012, als Piraterie ihre Hochzeit hatte, weniger Möglichkeiten bestanden, die internationalen *Content*-Märkte lückenlos zu kontrollieren. Plötzlich wurde in Europa mit Inhalten Geld verdient. Das hört sich unglaublich an, aber es ist trotzdem wahr.

Das Problem ist aber, dass wir in vielerlei Hinsicht vor einem Dilemma stehen. Über Hunderte von Jahren haben wir in Europa – vor allem in Deutschland – Inhalte produziert und weltweit exportiert. Wir wollen, dass die Erfinder und Schöpfer angemessen an den Leistungen partizipieren, und sind deswegen bereit, dafür zu zahlen. Was wir nicht sehen, ist, dass tatsächlich nur ein Bruchteil den Schaffenden zugutekommt. Die Realität unserer heutigen Ordnung ist ja danach ausgerichtet, Absatzmittler zu finanzieren und dem Konsumenten gleichzeitig das Gefühl zu vermitteln, er würde etwas für den Autor bzw. Erfinder geben. In Wirklichkeit kommt es aber nur in Bruchteilen bei diesem an. Wenn ich heute ein Buch schreibe, bietet mir der Verlag zwischen sechs und zehn Prozent Tantiemen; das heißt, dass der Verlag 90 bis 94 Prozent an den Netto-Einnahmen für seine Zwecke nutzen bzw. behalten kann, obwohl ich das Buch alleine geschrieben habe.

Meinen ersten Job, nachdem ich meine deutsche Anwaltsausbildung und meine französische TV-Produzentenausbildung abgeschlossen hatte, trat ich in Seoul, Südkorea, an. Mein Arbeitgeber war eine große 2D-Animations-Fabrik mit über sechshundert Zeichnern. Eine Serie, die wir produzierten, hieß „Lost World", in Deutsch „In einem Land vor unserer Zeit". Als die *dotcom bubble* platzte und unsere Auftraggeber sofort pleitegingen, entschied mein Chef, dass wir auf eigene Kosten die Staffel der Serie zu Ende produzieren würden. Das haben wir dann auch getan. Und wir haben sie abgeliefert. Es handelte sich um eine Arbeitsleistung im Wert von mehreren Millionen Dollar. Bevor mein Chef gezwungen war, sein Unternehmen zu schließen, war die Serie fertig. Die Koreaner, die das produziert hatten – da bin ich mir sicher –, haben bis heute nicht einen Cent für diese zweite Hälfte der Staffel gesehen. Ich denke manchmal an sie, wenn ich im KiKA die Serie mit meinen Kindern ansehe, wo sie immer und immer wieder wiederholt wird. Wahrscheinlich wurden die Rechte längst von irgendeinem US-amerikanischen Multi gekauft und dieser lässt sie sich teuer vom KiKA bezahlen. Wahrscheinlich weiß niemand der Beteiligten heute, dass die Herstellungskosten für die Serie nie bezahlt wurden. Solche Geschichten gibt es sehr häufig in der Medienwirtschaft.

Nach meiner Einschätzung hat die Piraterie sehr viel mehr denen geschadet, die zuvor von einer lückenlosen Kontrolle des Marktes profitierten. Durch diese Zeit sind – gerade in Europa – Freiräume entstanden, die den direkten Zugang zum Konsumenten freigeräumt haben; so geschehen mit *Browser Games* in der Computerspielewirtschaft. Es ist nicht leicht, Vertretern der *Content*-Multis zu glauben, dass ihre Arbeit im Wesentlichen darin besteht, Märkte für ihre Künstler aufzubauen und zu entwickeln. Was den Bereich der Computerspiele, in dem ich viele Jahre auch als Rechtsanwalt aktiv tätig war, angeht, kann ich viele Beispiele nennen, in denen die Kreativen letztlich am wenigsten von den Erfolgen ihrer Arbeit profitieren konnten. Insofern kann ich diejenigen in der Musikbranche verstehen, die sagen, dass das Geschäft mit Datenträgern stark rückläufig ist und sie lieber Konzerte veranstalten, zumal die Künstler stärker von diesen Einnahmen profitieren würden.

Ich selbst bin für eine vermittelnde Position. Einerseits haben wir die „Taliban des Urheberrechts", die ideologisch überhöht das Eigentumsrecht predigen und den Untergang des Abendlands herbeibeschwören, wenn wir nicht massiv gegen die sogenannte Erosion des Urheberrechts vorgehen. Auf der anderen Seite haben wir die freiheitlich orientierten Hacker, die das gesamte geistige Eigentum für eine überkommene, undemokratische und letztlich spießige Anschauung halten, die nicht mehr in die Zeit passe und ihnen die Möglichkeit nehme, Zugang zu gesellschaftlich relevanten Kunstwerken und Dokumenten zu erhalten. Natürlich ist es richtig, dass das Eigentum eine eigene Dynamik entfesselt, die wir besser erkennen und kontrollieren müssen. Gleichzeitig müssen wir die Auswüchse des Eigentumsschutzes im Bereich des geistigen Eigentums klar benennen. Geistiges Eigentum geht, wie jedes andere Eigentum, mit einer sozialen Verpflichtung einher. Richtig ist zudem, dass die Innovationskraft unseres Landes, von der wir alle leben, durch urheberrechtliche Regelungen nicht gehemmt werden darf. Das gilt insbesondere, wenn Monopole entstehen.

Ich möchte ein Beispiel geben. In der Computerspielproduktion und auch in der Animation wird zur Erstellung von 3D-Modellen ein Programm verwendet, das eine Softwarefirma namens Autodesk herstellt. Autodesk hat in den letzten 15 Jahren alle wesentlichen Konkurrenten aufgekauft. Heute ist Autodesk in einem bestimmten Segment quasi Monopolist. Es gab eine Zeit, in der Autodesk seine Programme in Europa mit einem Aufschlag von über 20 Prozent gegenüber den USA angeboten hat. Das war ein Problem, weil jeder Grafiker in den Studios eine Lizenz von Autodesk haben musste und die Kosten für große Studios nicht zu unterschätzen waren. Gleichzeitig hat sich die US-amerikanische Konkurrenz oft mit besseren Preisen durchsetzen können, u.a. weil sie niedrigere Lizenzkosten hatte. Die Problematik ist mittlerweile behoben und zwischen USA und Europa bestehen meines Wissens keine Unterschiede mehr. Für uns war das damals aber eine große Sache.

Eine komplexe Frage: Wie ist das eigentlich, wenn wir – wie es heute in vielen Bereichen der Fall ist – einen Monopolisten haben, der weltweit ein super Produkt anbietet, auf das ganze Industrien angewiesen sind? Vielleicht gehört es zu einer idealen Wirtschaftsordnung sogar, dass ein Unternehmen ein weltweit interoperables System anbietet, das zwischen den unterschiedlichen Anwendungen verwendet werden könnte. Wäre das nicht sogar erstrebenswert? Insbesondere dann, wenn Konkurrenz möglich ist, dieses Unternehmen seine Monopolsituation aktiv annimmt. Das bedeutet, dass es sich fair und gerecht verhält und – gerade auch was die Preise betrifft – sein Monopol nicht ausnutzt. Wenn das Unternehmen ein Dienstleister für die anderen ist und so ein *level playing field* organisiert, wäre der eine oder andere dann unter Umständen bereit, ein Monopol auf Dauer zu akzeptieren?

Aus europäischer Perspektive ist das jedenfalls dann inakzeptabel, wenn wir uns auf diese Weise dauerhaft in Abhängigkeit zu Übersee begeben. Aus deutscher und europäischer Sicht kann es nicht sinnvoll sein, auf Dauer US-Monopole zu akzeptieren. Das gilt umso mehr, als die neue US-Administration eine *America First*-Strategie verfolgt.

Außerdem: Ob Monopole die Innovation weiterbringen, ist eher zu bezweifeln. Erinnern wir uns an die langwierigen Patentprozesse, die Henry Ford in den 1930er-Jahren führen musste, um ein Kartell zu bezwingen, das das Auto insgesamt als Patent angemeldet hatte.[7] Wahrscheinlich ist es sogar umgekehrt: Erst als die erste Phase der US-Industrialisierung mit der Zeit der Monopole zu Ende ging – die Zerschlagung von Standard Oil[8] könnte hier als Zäsur angenommen werden –, erst dann blühte die US-Ökonomie wirklich auf.

Und schließlich: Diese Unternehmen dürfen – wie es damals Microsoft mit dem Microsoft Explorer versucht hat – das Monopol nicht als Hebel benutzen, um einen weiteren Markt zu erschließen.[9] Die Versuchung dazu ist aber sehr groß. Deshalb ist es notwendig, auch im Digitalen auf die Einhaltung der Regeln des Wettbewerbs zu bestehen.

Andererseits sollte man allen Versuchen widerstehen, den Patentbegriff auszuweiten (wie in den USA), zum Beispiel auf Software oder Geschäftsmodelle. Die schleichende Patentschutz-Ausweitung bei Software (entgegen ausdrücklicher Beschlüsse auf EU-Ebene) ist eher ein Problem als eine Lösung. Patente nutzen existierenden Konzernen und anderen Kapitaleinheiten, sie schaden einer KMU-orientierten Innovationspolitik. Dabei ist die Situation so, dass das europäische Patentamt zunehmend auf eigene Faust Patente vergibt und die Politik nicht wirklich einschreitet.[10] Das ist nicht gut. Bei Software entstehen gerade viele Innovationen, weil der Patentschutz nicht alles blockiert. Wir müssen froh sein, dass wir in Europa im Bereich Software keinen Patentschutz haben, und wir sollten alles versuchen, einen möglichen Patentschutz zu verhindern. Software bleibt ja über das Urheberrecht geschützt, das wesentlich kostengünstiger und autorenfreundlicher ist.

Was ist also konkret im Piraterie-Kontext zu tun? Es gibt keine einfachen Antworten auf Piraterie. Technische Lösungen haben sich weitgehend nicht bewährt. Geschäftsmodelle sind die effektivsten Werkzeuge gegen Piraterie. Am besten funktionieren serverbasierte Modelle wie *Online Games* oder Spotify. Piraterie ist nicht gut, aber der Kampf gegen Einzelpersonen ist nicht die Lösung. Der Kampf gegen größere Piraterieringe und die Aufklärung der Öffentlichkeit über die Schäden, die diese verursacht, ist ein besserer Ansatz. So sollte eine Unterscheidung zwischen „Kleinen" und „Großen" gemacht werden. Den Großen muss mit repressiven Maßnahmen begegnet werden. Ein größerer Teil an Verstößen wird aber von Nutzern begangen, die nicht in böswilliger Absicht handeln. Auch sollte man die Verwendung von Angsttaktiken vermeiden, die Piraterie in den Kontext von extremem Drogenkonsum, Gewalt oder schweren Verbrechen stellt – so geschehen in der Grundschule meiner Tochter. Pirateriebekämpfung um jeden Preis durch einen harten regulatorischen Rahmen und damit die Unterstützung von veralteten Geschäftsmodellen ist nicht erstrebenswert. Das gilt insbesondere für Abmahnsysteme, bei denen Anwaltsgebühren rechtswidrig geteilt werden. Wichtig ist in diesem Zusammenhang eine zeitgemäße Reform der Verwertungsgesellschaften. Diese haben sich leider zunehmend radikalisiert. Ihr Ton hat sich sehr verschärft, und sie stellen heute in vielerlei Hinsicht eher ein Teil des Problems als einen Teil der Lösung dar.

Innovationen sollten nicht gefährdet werden. Die epochalen kulturellen Errungenschaften der Digitalisierung sollten nicht in Frage gestellt werden. Digitale Märkte unterscheiden sich stark von denen, die den industriellen Methoden folgen. Vor allem ist dieser neue Innovationsprozess so offen wie möglich zu halten.

Fassen wir die Ergebnisse zusammen:

- Innovationen können weder durch eine Stärkung des geistigen Eigentums noch durch eine Schwächung befördert werden – es gibt keinen Zusammenhang.

- Pirateriebekämpfung muss sein, aber man darf das Kind nicht mit dem Bade ausschütten.

- Innovationsfördernd ist eine gewisse Toleranz gegenüber der Problematik, aber ohne Monopole zuzulassen.

- Das offene Internet und die Abwesenheit von Softwarepatenten stellen für Europa eine große Innovationschance dar.

INNOVATIONSSYSTEM

Als meine Tochter geboren wurde, begleitete ich meine Frau in die Geburtsklinik. Dort traf ich zu meiner eigenen Überraschung meinen entfernten Onkel, der wiederum seine Freundin bei der Geburt begleitete. Mein Onkel ist Chirurg und ich habe ihn nur selten getroffen, aber dieses Treffen war für mich – am Tag der Geburt meines ersten Kindes – offensichtlich wichtig. Seine Freundin ist Frauenärztin und hatte selbst ein Kind durch Kaiserschnitt zur Welt gebracht. Als Chirurg erklärte er mir, dass aus seiner Sicht der Kaiserschnitt die für die Frau gesündere Form sei, Kinder zu gebären. Der sogenannte natürliche Weg sei für Frau und Kind gefährlicher. Dies sei in medizinischen Kreisen anerkannt. Allerdings gäbe es eine starke Lobby von Hebammen, die sich sehr dafür einsetzen würden, dass in der allgemeinen Wahrnehmung die sogenannte natürliche Geburt priorisiert werde. Hintergrund sei natürlich, dass der Berufsstand der Hebamme in seiner Existenz bedroht sei, wenn eine medizinische Priorisierung in Richtung Kaiserschnitt vorgenommen würde.

Die Frage, ob diese aus der Chirurgensicht argumentierte Position medizinisch richtig oder falsch ist, vermag ich nicht zu beurteilen. Wir hatten uns damals für eine natürliche Geburt entschieden. Aber es kann sein, dass bei dieser Betrachtung spezielle Erfahrungen einer Frauenärztin eine Rolle spielen, die möglicherweise schon sehr schwierige Geburten miterlebt hatte.

Das alles weiß ich nicht. Wichtig für uns ist jedoch die Beobachtung, dass es eine Innovation gibt, die zu einer Veränderung führt. Und diese zieht wiederum Veränderungen der Struktur nach sich, einschließlich der Konsequenzen für alle handelnden Personen, die im individuellen Fall sehr bitter und unverständlich sein können. Das kann dazu führen, dass das Innovationsystem Innovationen nicht nur nicht erkennt, sondern sogar blockiert.

Ich verstehe hier unter Innovationssystem ein wirtschaftlich-politisches Umsystem, das aus privatem wie staatlichem Handeln gleichermaßen besteht und auf Innovation bezogen ist. In Deutschland leben wir heute in einer Art Post-Rheinischem Kapitalismus[1]. Oft schafft dieses System nicht die notwendigen Freiräume. Meine These wäre, dass das in gewisser Weise nicht gewollt ist, denn die Orientierung gesetzlicher Regelungen erfolgt vorrangig an den Bedürfnissen der Sozialpartner.

Wir kennen das schon aus der Zeit der ersten industriellen Revolution, die beispielweise zur Abschaffung des Berufsstandes der Weber führte, und wir haben das in vielen anderen Bereichen erlebt. Wir kennen die tapferen Einzelhändler und Buchhändler, die vor dem Hintergrund der Digitalisierung die Einzelleistung der Beratung in den Vordergrund stellen, um ihr Überleben zu sichern. Wir erinnern uns noch schwach an die freundliche Dame am Geldschalter in der Bank.

Insbesondere Ältere, die mit einigem Abstand zu den Generationen stehen, die mit dem Digitalen aufgewachsen sind, fühlen sich von dieser Entwicklung bedroht. Diese Menschen begleiten uns mit den Worten „das werde ich jetzt nicht mehr lernen" und sind doch in vielerlei Hinsicht in die Arbeitsprozesse integriert. Häufig steuern sie die Unternehmen noch und warten ganz oben in der Hierarchie auf die Rente. Verbürgt ist die Geschichte des Geschäftsführers eines großen Dienstleistungsunternehmens, der zum sechzigsten Geburtstag von seinen Mitarbeitern einen Computer geschenkt bekam – ein an sich schon bemerkenswerter Vorgang. Noch bemerkenswerter ist jedoch, was aus diesem Computer wurde: Der Unternehmer gab ihn an seinen Sohn weiter.

Wir kennen alle die Geschichten von den Managern kleiner und mittlerer Unternehmen, die noch nie IT-Revolutionen in ihrem Unternehmen angepackt haben, weil sie damit an Macht und Einfluss verloren hätten. Es bedarf immer eines offenen oder neuen Chefs, um im Bereich der Unternehmens-IT Reformen durchzusetzen. Ähnlich wie die

Frage der Außendarstellung einer Marke ist das Thema IT und Digitalisierung innerhalb der Unternehmen ein Machtinstrument. Diejenigen, die diese Technik nicht „mehr" oder nicht ausreichend beherrschen, blockieren diese Innovationen vor allem, weil sie fürchten müssen, ihre faktische Kontrolle über das Unternehmen zu verlieren.

Wir haben es also mit einer Situation zu tun, in der die Vertreter diverser Berufsstände mit Recht der Innovation großen Pessimismus entgegenbringen und mit Recht um ihre Existenz und ihren Wohlstand fürchten. Diese Entwicklung bedeutet für viele Menschen ein regelrechtes Bedrohungsszenario, das sie daran hindert, die Entwicklung mit dem notwendigen Optimismus und der notwendigen Offenheit positiv zu begleiten. Insbesondere für Gewerkschaften und Arbeitgeberverbände ist die Digitalisierung eine besondere Herausforderung, denn in der kleinteiligen digitalen Wirtschaft haben sie kaum Mitglieder, was zu einem doppelten Machtverlust führt: einmal in Bezug auf die Digitalisierung selbst und einmal in Bezug auf die Mitgliedschaft. Theoretisch ist diesen Akteuren klar, dass sie die Digitalisierung nicht werden aufhalten können und dass diese im industriellen Bereich Einzug halten wird. Praktisch bedeutet die Digitalisierung aber einen Umbau und Abbau von Arbeitsplätzen.

Sicher ist, dass unsere großen Unternehmen in der Regel Kinder der ersten industriellen Revolution sind – wir haben eine relativ alte Industrie. Deutschland steht sich häufig selbst im Weg, und die Realitäten sprechen für sich: Im DAX, in dem die 30 größten börsennotierten Unternehmen Deutschlands notiert sind, finden sich nur drei Unternehmen, die nach dem Zweiten Weltkrieg gegründet wurden: SAP, ProSiebenSat.1 und Vonovia.[2] Unternehmen wie Google, die erst vor wenigen Jahren gegründet wurden, wären im deutschen Wirtschaftssystem wohl kaum in so kurzer Zeit so groß geworden.

Gründungsdaten der 30 DAX-Unternehmen liegen lange zurück

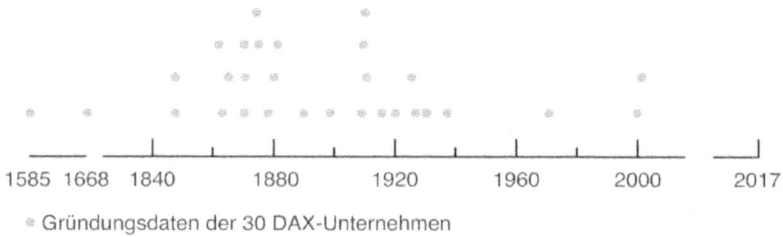

Gründungsdaten der 30 DAX-Unternehmen

Sicher ist, dass es diese großen Unternehmen zurzeit gut machen: Wir sind quasi am Höhepunkt des analogen industriellen Zeitalters angekommen. Wir sind nicht nur Fußballweltmeister geworden, sondern auch die starke Wirtschaftslokomotive in Europa. Aber diese Unternehmen sind nur begrenzt fähig, sich aus eigener Kraft zu erneuern. Heute gibt es in Europa niemanden mehr, der Handys baut, und kaum ein Unternehmen, das flache Fernseher produziert. IKT-Schlüsselkompetenzen, die zum Teil in Deutschland ihren Ursprung haben, haben wir inzwischen längst verloren. Und unsere heilige Autoindustrie schafft es nicht einmal, befriedigende Elektromotoren zu bauen. Wir vergeuden unsere Ressourcen in institutioneller, angewandter Forschung, aber im digitalen Zeitalter kommt die Innovation von der Straße. Hier gelingt es immer weniger, strategische Zukunftsthemen zu besetzen.

Ähnlich wie in der Rentenpolitik reagiert das politische Berlin eigentümlich schizophren. Die Verlierer der Digitalisierung fallen weich und ernten Verständnis. Es wird versucht, ihre Jobs um jeden Preis und mit viel Geld zu erhalten. Wenn dies nicht möglich ist, findet man eine sozialverträgliche Lösung. Man möchte in Europa keinen *Rust Belt* – ein ehrenvolles und in einer alternden Wählergesellschaft vollkommen nachvollziehbares Handeln.

Und dann? … Dann kommt nichts.

Der Rest ist sogenannte Ordnungspolitik, garniert mit Investitionen in Forschung und Bildung. Der Subtext lautet: Wenn jeder der jüngeren Generationen in einigen Jahren acht Rentner ernähren muss, dann muss man ihnen von vorneherein beibringen, dass das Leben kein Zuckerschlecken ist. Will man es freundlich ausdrücken, könnte man sagen: Die Machtfrage bleibt ungelöst.

Die Wahrheit ist: Die Machtfrage wird zu Lasten der kommenden Generationen entschieden. Die fetten Jahre sind vorbei. Das Methusalem-Komplott[3] lässt grüßen.

Hans-Werner Sinn hat 1995 in seinem Buch „Kaltstart" analysiert, wie unser Wirtschaftssystem die deutsche Einheit gestaltet hat. Als einen der größten Fehler ermittelt er die zu schnelle Lohnangleichung, die den katastrophalen Zusammenbruch der DDR-Wirtschaft ausgelöst habe. Es waren – so lässt sich Sinn interpretieren – nach der deutschen Wiedervereinigung die Sozialpartner, die die verfrühte Angleichung der D-Mark durchgesetzt haben. Mit dieser Maßnahme habe man die ostdeutsche Wirtschaft weitgehend zerstören und zusätzliche Märkte für westdeutsche Unternehmen, Arbeitnehmer und Arbeitgeber gleichermaßen, erschließen können: „Der einzige Vorteil der Politik, sofern man von einem solchen sprechen kann, besteht darin, dass sich die westdeutschen Gewerkschaften und auch die westdeutsche Industrie wirksam vor einer Niedriglohnkonkurrenz schützen konnten. Im Westen träumt niemand von einem Niedriglohngebiet an der Elbe."[4]

Die Frage ist, ob wir im Bereich der Innovation eine ähnliche Situation haben. Für mich spricht einiges dafür, dass unser Innovationssystem – ähnlich dem deutschen Bildungssystem – wenig Durchlässigkeit aufweist. Auch lässt man junge Unternehmen kaum an der Macht teilhaben. Sollte man also den Kreislauf von Aufstieg und Fall von Unternehmen mit mehr Innovation fördern? Und sollte man gleichzeitig verhindern, dass große Unternehmen den Aufstieg innovativerer Konkurrenten politisch ausbremsen und weiterwursteln, obwohl ihr Geschäftsmodell letztlich ausgelaufen ist?

Betrachten wir die alternative Energietechnik: Mich hat es sehr erstaunt, als ich neulich erfuhr, wie hoch der Anteil erneuerbarer Energien am Bruttostromverbrauch mittlerweile im deutschen Energiemix ist. Er lag 2016 bei 31,6 Prozent[5]. Dahinter steht sicher eine gelungene Innovationspolitik, die seinerzeit vor allem von den Grünen initiiert wurde. Aber die Wirklichkeit ist: Viele deutsche Technologieunternehmen im Solar- und Windkraftumfeld mussten mittlerweile aufgeben.[6] Dafür gibt es sicher viele Gründe: Die Einspeisungsregeln machen Energie in Deutschland zu teuer, die billigen Importe aus China. Wir wissen aber auch, dass hierzulande gerade in der letzten Zeit die Förderung der alternativen Energien wieder nachgelassen hat. Interessant ist doch, dass die Spielregeln genau dann geändert werden, wenn aus den kleinen Start-ups echte Konkurrenten herangewachsen sind und sich die Machtfragen neu stellen. Und mit einem Mal spricht keiner mehr von der Atomlobby, sondern von der Windkraftlobby.

Mir scheint, wenn es um die Wurst geht, gelingt es Deutschland nicht, auf etwas Neues zu setzen. Lieber lässt man in unserem Land, in dem es nie eine echte Revolution gegeben hat, die Machtverhältnisse beim Alten und stellt die steuerlichen und regulatorischen Stellschrauben entsprechend ein. Neue Unternehmen können die Decke aus Glas kaum durchbrechen. Genau an dieser Stelle sind wir wohl in unsere spezifisch deutsche Innovationsfalle getappt.

Olaf[7] versucht seit Jahren, bei einem deutschen Großverlag, der vor allem Print-Zeitschriften publiziert, Modernisierung zu organisieren. Er leitet eine Art Online-Abteilung. Ich habe mit ihm vor einigen Jahren gesprochen, weil ich den Traffic interessant fand, der durch ältere Frauen in Frauenzeitschriften entsteht. Er stimmte zu, in der Tat fielen die Zielgruppen mit bestimmten Computerspielen wie zum Beispiel Candy Crush zusammen (Candy Crush ist ein sehr beliebtes mobiles Computerspiel, das insbesondere von Frauen ab 40 gespielt wird). Aber ich solle verstehen, seine Chefin sei eine erfahrene Journalistin, die seine Aufgabe vor allem im Verkauf von Bratpfannen und Kochtöpfen an die Zielgruppe verstehe, um die Printtitel finanzieren zu können. Er hätte kaum eigenen verlegerischen Spielraum.

Digitalisierung beinhaltet auch den Siegeszug der Automatisierung. Wenn man mit Software-Entwicklern spricht, dann loben sie vor allem die Automation. Alles, was automatisch gemacht werden kann, wird automatisch gemacht, weil es letztlich das Softwareprodukt aufwertet. Diese Entwicklung hat viele Vorteile. So werden Dinge einfacher, schneller und kostengünstiger, vor allem werden sie erledigt, ohne dass sich irgendein Mensch darum kümmern muss.

Für ein deutsches Innovationssystem ist diese Entwicklung jedoch nicht frei von Gefahr. Wir Deutschen sind ja bekannt für unsere Wertarbeit. Unsere Stärke liegt gerade dort, wo es darum geht, dass Menschen exakt arbeiten, dass sie ihre Genauigkeit einsetzen können, um konkret weiterzuverarbeiten. Deswegen sind unsere Facharbeiter unschlagbar und unsere Produkte weltweit so angesehen.[8] Mit der Automatisierung werden viele Tätigkeiten, die bislang von Menschen ausgeführt werden mussten, digitalisiert und damit automatisiert. Das ist keine gute Nachricht für Gewerkschaften und keine für ältere Mitarbeiter, die sich außerstande sehen, diesen neuen Entwicklungsschritt mitzugehen. Aber der Fortschritt lässt sich eben nicht aufhalten.

In physischen Märkten waren große Unternehmen notwendig, um Innovationen in Märkte zu bringen. Produkte wurden mit den klassischen industriellen Methoden erst in einem Unternehmen fertiggestellt und in Märkten getestet. In der digitalen Welt wird oft schon ein früher Prototyp veröffentlicht. Und es wird ständig auf der Grundlage von Rückmeldungen von Nutzern weiterentwickelt. Der neue Innovationsprozess ist so offen wie möglich. Ständige Rückmeldungen und unterschiedliche soziale Medien (virtuelle Foren, soziale Netzwerke etc.) spielen eine entscheidende Rolle.

Dies hat das gesamte Innovationsökosystem verändert und einen viralen Innovationsprozess geformt. Ganz besonders wichtig ist hier der eigene Zugang zum eigenen Markt. In einem großen Markt wie Deutschland kann Innovation auch dadurch entstehen, dass man den eigentlichen Konsumenten, den Anfangsnutzer, überzeugt. Im digitalen Innovationssystem steht er im Vordergrund. Ihm folgen Geschäftsmodelle und Inhalte, ihm folgt die Anwendung der Technologie. Da Netzwerke eine zentrale Rolle im viralen Innovationsprozess spielen, ist das Ökosystem von Natur aus offen. Die Wahl einer bestimmten Technologie oder eines Standards wird letztlich vom Anfangsnutzer getroffen. Aber auch hier gilt, dass niemand genau vorhersagen kann, wie der Massenmarkt reagieren wird – *nobody knows*. Bekannt und einleuchtend ist das Beispiel der Speichermedien für audiovisuelle Inhalte: Die strategische Auswahl an Speichermedien der Zukunft (HD-DVD oder Blu-Ray) wurde auf der Basis von Back-Katalogen von Hollywood-Studios entschieden. Ähnlich läuft es gerade bei der Auseinandersetzung zwischen Netflix und Amazon. Das bedeutet, dass es bei der Standardisierung nicht nur um Geschäftsmodelle, sondern mitunter sogar um Inhalte (und die Fähigkeit, Inhalte zu produzieren) geht.

Bislang ist es dem deutschen Innovationssystem immer gelungen, mit dem Fortschritt mitzuhalten, denn die Deutschen sind Weltmeister der horizontalen Innovation. Jedes Jahr wird der VW Golf ein bisschen besser und ein deutsches AKW ein bisschen sicherer. Jedes Jahr trifft das Gewehr von Heckler & Koch ein bisschen genauer.

Wie ist es jetzt aber mit der vertikalen Innovation? In der sich ständig verändernden und entwickelnden Marktwirklichkeit findet Innovation dort statt, wo man es am wenigsten vermutet. Die meisten innovativen Geschäftsmodelle, Dienstleistungen und Inhalte werden von kleinen Einheiten entwickelt und in sehr kleinen Märkten getestet.[9] Einige Unternehmen werden schnell sehr erfolgreich. Was passiert mit dem deutschen Innovationssystem, wenn plötzlich ganz neue Unternehmen entstehen sollten?

Disruptive Unternehmen aus Deutschland? Sie entstehen nicht.

Jedenfalls wachsen sie nicht zu einer Größe heran, die eine Aufnahme in den DAX nach sich ziehen würde. Das deutsche Innovationssystem lässt das offenbar nicht zu. Sicher, wir haben unsere *hidden champions*, um die uns die ganze Welt zu Recht beneidet. Aber im digitalen Raum finden wir diese eher selten. Dabei wird das Innovationssystem der digitalen Ära von KMU geführt, nicht von großen Unternehmen oder akademischen Institutionen.

Deutschland hat sich entschieden, kein Nachtwächter-Staat sein zu wollen. Wir greifen, im Rahmen der sozialen Marktwirtschaft systematisch und zielgerichtet ein. Wer nicht arbeiten kann, wird unterstützt. Wer seine Arbeit verliert, muss sich in der Regel nicht anhören lassen, dass er sie verloren hat, weil er schlecht gearbeitet hätte. Jedenfalls wird er unabhängig davon unterstützt. In einer Bankenkrise übernimmt der Staat alle schlechten Risiken in sogenannten *Bad Banks* und steht für sie gerade; in der Wirtschaftskrise gibt es eine Abwrackprämie.

Wie ist es dann aber mit einem Start-up? Sollte sich ein Start-up-Gründer anhören lassen müssen, es gäbe schon genug Start-ups und dass alle Start-ups, die keine Finanzierung fänden, einfach zu schlecht seien? Unterstützung vom Staat bedeutet Anerkennung. Was den Banken und den etablierten Konzernen zusteht, kann man den Gründern in diesem Lande doch nicht guten Gewissens verweigern.

Nichtmaterielle Anerkennung in Form von Preisen und Veranstaltungen ist letztlich nur ein erster Schritt. Ein Beispiel sind die Kultur- und Kreativpiloten[10]: Diese Ehrung wird jedes Jahr vom BMWi bei einem sehr schönen Event verliehen. Die Kreativpiloten, also besonders ausgezeichnete Unternehmer aus der Kultur- und Kreativwirtschaft, werden sichtbar. Aber sie gehen ohne Geld nach Hause, alles, was sie bekommen, ist ein „feuchter Händedruck". Ich kann das nicht verstehen. Wenn man jedem Kultur- und Kreativpiloten 150.000 € geben würde, würde das BMWi diese Aufwendung kaum merken. Für diese Unternehmen wäre dieses Geld aber wirklich sehr viel wert, möglicherweise genau der Betrag, der darüber entscheidet, ob es tatsächlich eine Innovation auf den Markt bringen kann.

Wenn man die Förderung in Maßen und als Hilfe zur Selbsthilfe aufsetzt, dann bedeutet das, dass der Staat diesen Unternehmen vertraut.

Er vertraut ihnen seine Zukunft an, und zwar so sehr, dass er sogar bereit ist, Geld dafür auszugeben. Vom Verfahren her ist das vergleichbar mit einem großen Konzern wie Opel, der staatliche Unterstützung bekommt, um Arbeitsplätze zu erhalten.

Manchmal wird behauptet, dass es letztlich genug Fördermöglichkeiten für die erste Investment-Phase von Start-ups gibt. In Deutschland hält sich dieses Gerücht nachhaltig. Politiker aller Couleur stellen dies immer wieder fest; sie plappern aber den falschen Leuten hinterher. Aber diese Behauptung ist falsch und bleibt falsch.

Offenbar wird darauf geachtet, den Gründern ja nicht zu viel Bares zu überlassen. Sie sollen „hungrig bleiben". Ich habe einen Freund, der sehr interessante Innovationen im Bereich der Robotik entwickelt hat. Als er vor fünf Jahren aus Mexiko nach Deutschland kam, traf er binnen weniger Wochen den Bundeswirtschaftsminister. Jede Institution, an die er sich wandte, war begeistert und stellte ihm sofort ein Büro zur Verfügung. Der Roboter-Entwickler hatte in Berlin im letzten Jahr vier Schreibtische. Finanzielle Unterstützung wurde nur in Aussicht gestellt. Nicht alle, die finanzielle Mittel versprachen, haben Wort gehalten. Jetzt ist er mit seiner Familie wieder in seine mexikanische Heimat zurückgekehrt. Merkwürdig ist es schon, ein offenbar förderungswürdiger Innovator hat in Berlin vier Büros, die er kostenlos nutzen kann, aber relativ wenig, um sich und seine Familie zu ernähren. Am Ende sind Unternehmer und Innovatoren allein gelassen.

„Wir geben alles, außer Geld" ist ein schlechter Ansatz. Ich erinnere mich an eine Diskussion mit einem Vertreter eines großen Konzerns, der mir erklärte, dass aus seiner Sicht die Förderung von kleinen Unternehmen – Gründern und Innovatoren – nicht sinnvoll sei. Die Gefahr, dass diese einfach das Geld nehmen würden und man die Verwendung nicht kontrollieren könnte, sei zu groß. Es sei besser, das Geld an große Unternehmen auszuzahlen, weil die über interne Controlling-Strukturen verfügten. Ich glaube, dass diese Meinung weiter verbreitet ist, als offen zugegeben wird. Man hat Angst, einzelnen

Gründern und Innovatoren Geld in die Hand zu geben, fürchtet, dass das Geld versickern könnte.

Deswegen zieht man es häufig vor, Infrastrukturen aufzubauen, die Gründern und Innovatoren indirekt helfen sollen. Direkte Hilfe wird abgelehnt. Relativ aufwändig baut man Gründerzentren oder Akzeleratoren. Besonderer Wert wird dabei leider oft auf die Immobilie gelegt. Man möchte einen symbolischen Ort schaffen, an dem sich Gründer wohlfühlen und ihre neuen Projekte erfolgreich umsetzen können. Mein Eindruck ist, dass diese Strategie nicht unbedingt den Bedürfnissen von Gründern und Innovatoren entspricht. Es ist sicher wichtig, dass Innovatoren Austausch mit ihresgleichen haben. Es ist richtig, dass *Coworking Spaces*, wie sie in Berlin im Betahaus oder im Ahoy unabhängig entstehen, einen wichtigen Beitrag leisten. Aber aus meiner Sicht wird hier an der falschen Stelle zu viel gegeben und zugleich werden die Gründer wieder einmal allein gelassen. Denn dabei lässt man es bewenden.

Meine Erfahrungen zeigen ein ganz anderes Bild: Viel Geld kann gerade auch in Großunternehmen versickern. Denn dort, wo es nicht um das Ergebnis, sondern um die reine Dokumentation des Aufwands geht, koppelt sich die Dokumentation und Evaluation von den tatsächlichen Anstrengungen schrittweise ab. Sicher, es gibt immer Menschen, die sich persönlich interessieren und einsetzen; von diesen Menschen leben wir, auch diese großen Strukturen. Aber das sind Einzelpersonen, die meisten machen einfach nur, was sie machen müssen und was von ihnen verlangt wird. Darüber hinaus bringen sie sich nicht ein, schreiben bestenfalls die eingesetzten Stunden auf. Ich möchte hier keine einseitige Anklage gegen große Unternehmen führen. Ich möchte nur die vergiftete Behauptung entkräften, dass gerade bei kleinen Unternehmen und Gründern mögliche Fördersummen von ein paar hunderttausend Euro versickern würden.

In kleineren Einheiten arbeiten alle Menschen zusammen, um das gemeinsame Ziel zu erreichen, den gemeinsamen Traum, und deshalb sind sie offen für innovative Lösungen. Das Ergebnis zählt. In großen

Organisationen haben die Menschen unterschiedliche Ziele und Interessen, und dadurch wird die Art und Weise, wie Dinge getan werden und wie der Einzelne persönlich abschneidet, viel wichtiger als das, was tatsächlich erreicht wird. Infolgedessen sind KMU ergebnisorientierter, während große Konzerne mehr am Prozess orientiert sind. Der kleine Unternehmer muss und möchte „liefern", der Konzernhengst muss und möchte „gut dastehen". Nach Richard Florida[11] sind kreative Unternehmen in kleineren und vor allem kleinteiligeren Einheiten auch krisensicherer.

Zum Innovationssystem gehören auch regulatorische Fragen, die zum Beispiel das Sammeln von Daten betreffen oder im Bereich der Schutzstandards und der Arbeitnehmerrechte angesiedelt sind. In Bezug auf die Datenpolitik gilt es einerseits, persönliche Daten zu schützen, andererseits aber gilt es, Datenzusammenhängen nicht grundsätzlich im Wege zu stehen. Hier sind wir sicher, was das Innovationssystem betrifft, zu eindimensional: Daten sind ein wichtiger Rohstoff in einer digitalen Ökonomie.

Genauso ist nicht negativ zu sehen, dass es zunehmend Menschen gibt, die eine Beschäftigung in einem sogenannten versicherungspflichtigen, weisungsabhängigen Arbeitsverhältnis weniger gerne antreten möchten als selbstständig zu sein, auch wenn sie sich für eine sogenannte Solo-Selbstständigkeit entscheiden.

Die Entwicklung der *share economy*[12] stellt eine große Chance für unsere Gesellschaft dar und sollte nicht unterschätzt und kleingeredet werden. Durch die digitalen Verteilungssysteme kann ein zusätzlicher Effizienznutzen generiert werden. Dies geschieht durch die intensivere Nutzung von Gebrauchsgütern. Denken wir an Unternehmen wie Airbnb oder Uber. Produkte, die getauscht werden, werden allerdings weniger verkauft, was einigen etablierten Unternehmen und Gewerkschaften sicher missfällt. Auch hier kann sich unser Innovationssystem selbst im Wege stehen. Immerhin ist die *share economy* heute Realität, und es ist wichtig, dass wir in diesem Wirtschaftsbereich eine aktive Rolle einnehmen und uns nicht ausschließlich internationalen Playern unterwerfen.

Wichtig ist in diesem Zusammenhang, dass in vielen Teilen Deutschlands kein Klima der Toleranz herrscht. Landflucht ist ein Phänomen, das schon im Mittelalter („Stadtluft macht frei") und später in der Industrialisierung bestanden hat. Allein, die Digitalisierung unserer Lebenswelten potenziert dies in ungeahntem Maße. Immer handelte es sich im Wesentlichen um eine Frage der Toleranz – ein ganz wichtiger Faktor.[13] Daran hat sich bis heute wenig geändert. Besondere Talente sind beispielsweise oft Minderheiten angehörig. Wenn die ländlichen Regionen in Deutschland den Anschluss nicht verlieren wollen, müssen sie sich stärker für Toleranz und gegen Ausgrenzung einsetzen. Hier könnten auch Kultur- und Kreativwirtschaften etwas ausrichten.

Vor einigen Jahren besuchte mich ein Freund aus Estland. Er ist Unternehmer und hatte schon viele Internetfirmen. Er hatte sein ganzes Geld zusammengelegt und zweihundertfünfzigtausend Euro in eine neue App investiert, mit der man mithilfe des iPhones und eines eigens entwickelten Kabels mit Noppen, die man an der Brust anklebte (Kostenpunkt 10 €), ein EKG machen konnte. Nach seiner Aussage funktionierte seine App einwandfrei. Jetzt suchte er einen Partner, der ihm dabei helfen konnte, seine Erfindung für den medizinischen Betrieb zuzulassen. Aus irgendwelchen Gründen glaubte er, ich könne ihm die nötige Krankenkassenzulassung in Deutschland besorgen. Ich habe den Auftrag abgelehnt. Ich sagte zu ihm: „Weißt du, was in Deutschland ein zugelassener EKG-Apparat kostet? Ich würde schätzen: Mehr als die gesamten Entwicklungskosten deiner App. Nie im Leben werden die etablierten Medizintechnik-Unternehmen in Deutschland erlauben, dass eine so disruptive Technologie zugelassen wird. Sie werden immer irgendwelche regulatorischen Schwachstellen erfinden, um das zu verhindern und den Zulassungsprozess in die Länge zu ziehen. Dafür ist unser deutsches System einfach nicht innovationsfreundlich genug. Ich rate Dir, versuche es in Entwicklungsländern wie Kenia oder Indien – oder mache ein Computerspiel draus." Ich habe seitdem nichts mehr von ihm gehört.

Fassen wir die Ergebnisse zusammen:

- Unser Innovationssystem blockiert den Aufstieg neuer Unternehmen.

- Im digitalen Zeitalter müssen neue Unternehmen auch finanziell unterstützt werden.

- Das Innovationssystem muss durchlässiger werden.

PARAWORLD

Grigori Alexandrowitsch Potjomkin war der Liebhaber und wichtigste Berater der russischen Zarin Katharina der Großen. Dieser sehr wichtige Verwaltungsmann – so die moderne Sage – ließ für eine Inspektionsfahrt der Zarin in die neu eroberten südlichen Regionen Russlands, also die Krim, Odessa und andere Orte, künstliche Fassaden errichten, um den Anschein von gut funktionierenden wirtschaftlichen Strukturen zu erwecken. Tatsächlich trieb Potjomkin, so die aktuelle Forschung, die Modernisierung des russischen Südens sehr erfolgreich voran – und die Inspektionsreise fand tatsächlich statt.[2] An ihr nahm sogar inkognito der österreichische Kaiser Joseph II. teil. Aber aus Pappe waren die errichteten Fassaden offenbar nicht. Ein deutscher Diplomat soll die Legende des potjomkinschen Dorfes aus politischen Gründen erfunden und in deutschen Zeitungen veröffentlicht haben.[3] Die Artikel wurden dann ins Französische und Englische übersetzt und in der damaligen intellektuellen Welt weiterverbreitet und geglaubt. Potjomkinsche Dörfer als Zeitungsente? Neudeutsch hieße das *fake news*.

Potjomkinsche Dörfer gibt es bis heute. Zum Beispiel ließ Erich Honecker nur Teile der Fassaden bestimmter Dörfer renovieren, in denen er sich mit Helmut Schmidt traf. Beim Rundgang auf dem Weihnachtsmarkt von Güstrow waren seinerzeit keine Bewohner, sondern Mitarbeiter der Stasi unterwegs.[4] Auch die britische Regierung ließ 2013 anlässlich des Weltwirtschaftsgipfels in Nordirland Folien an die Innenseite der Fenster kleben, um den Eindruck zu vermitteln, es sei Leben in den Geschäften.

Die Politik der Innovation, wie sie zurzeit betrieben wird, führt in die Irre. Grund dafür ist die große Diskrepanz zwischen verbalisierter Innovationspolitik auf der einen und der Realität auf der anderen Seite. Wissenschaftler sind – das ist ihr Daseinszweck – mit dem Finden der Wahrheit beschäftigt. In der Forschungspolitik verweist man immer wieder und in großer Pose auf Exzellenz und Innovation. Alle Politiker versprechen zur Verbesserung der Innovationssituation die Erhöhung des Forschungs- und Bildungsetats. In den letzten Jahren wurde der Etat dann tatsächlich angehoben. Weniger informiert zeigen sich die politischen Strukturen jedoch darüber, was mit dem Geld konkret geschieht, wie es also eingesetzt wird. Die Scheinwelt, die sich Forschungspolitiker errichten, ist ein großes potjomkinsches Dorf und entspricht nur in sehr geringem Ausmaß der Realität.

Das reale Innovationspotenzial in Deutschland und Europa ist nicht größer geworden; es hat abgenommen.[5] Ich erinnere daran, dass Deutschland zunächst den Computer erfunden hat, noch in den 1980er- und 1990er-Jahren vorne lag. Wir haben jetzt in ganz Europa kein einziges Mobiltelefon-Unternehmen mehr und wir verlieren in hohem Tempo den Zugang zur IT-Technologie. Gleichzeitig verlieren wir den Anschluss in der Software-Entwicklung und der Entwicklung von Dienstprogrammen und Inhalten für das Internet. Erinnern wir uns an die peinlichen Eingeständnisse auf dem Höhepunkt der Snowden-Affäre[6], in der deutlich wurde, dass wir mittlerweile systemisch auf Technologie aus den USA angewiesen sind und uns daher gar nichts anderes übrigbleibt, als mit diesen zu kooperieren, um unsere eigene Sicherheit zu gewährleisten. Ein kleiner Offenbarungseid, der gerade im sicherheitspolitischen Kontext Sorgen macht.

Wie unser deutsches potjomkinsches Dorf gegenwärtig aussieht, fasste 2014 der Bundestagsabgeordnete Dr. Stefan Kaufmann (CDU) eindrucksvoll zusammen: „Auch der aktuelle Forschungs- und Innovationsbericht, über den wir heute diskutieren, bestätigt, dass der Standort Deutschland in den letzten Jahren weiter an Attraktivität gewonnen hat; die Ministerin hat es bereits erwähnt. Knapp 600.000 Menschen sind in Deutschland in Forschung und Entwicklung tätig. Allein zwischen 2005 und 2012 sind in diesem Bereich – unter anderem dank der Exzellenzinitiative – 114000 neue Arbeitsplätze entstanden. Fünf der zehn forschungsstärksten Unternehmen Europas kommen heute aus Deutschland. Beim Export von forschungsintensiven Gütern bildet Deutschland mit einem Anteil von rund zwölf Prozent am Welthandelsvolumen hinter China die Weltspitze, noch vor den USA und Japan. Bei den transnationalen Patentanmeldungen ist Deutschland führend in Europa und liegt weltweit an dritter Stelle. (…) Wir müssen auf unserem robusten industriellen Fundament aufbauen und Cluster bilden von exportorientierten, forschungsstarken Unternehmen, Hochschuleinrichtungen und außer-universitären Forschungsinstituten, eine klassische Win-win-Situation. Im Prinzip ist es das, was die Fraunhofer-Gesellschaft mit ihren nationalen Leistungszentren vorhat: Die Profil- und Exzellenzbildung an Forschungsstandorten um thematische Cluster. (…) Es ist deshalb richtig, dass die Max-Planck-Gesellschaft und die Alexander-von-Humboldt-Stiftung wie auch die Deutsche Forschungsgemeinschaft ihre Arbeit darauf konzentrieren, die besten Köpfe nach Deutschland zu holen oder hier zu halten. Es ist deshalb richtig, dass Exzellenz weiterhin wichtigstes Kriterium bei der Vergabe von Geldern aus deutschen oder europäischen Fördertöpfen an Forscher oder Institute ist. Es ist deshalb richtig, dass wir den außeruniversitären Forschungseinrichtungen im Pakt für Forschung und Innovation jährliche Etatsteigerungen zugesagt haben."[7]

Merken wir uns also, wie Forschungspolitik in Deutschland gemessen wird. Wir sprechen von Clustern und von Exzellenz. Wahrscheinlich muss man exzellent sein, um zu wissen, was Exzellenz ist oder wie man Exzellenz misst. Außerdem werden die Patente gezählt, sowie wie viel Geld ausgegeben wurde. Früher wurden auch Nobelpreise gezählt. Heute wird diese Auszeichnung nur dann erwähnt, wenn ein Deutscher sie einmal erhält. Was nicht gemessen wird, ist, ob das Geld erfolgreich eingesetzt wurde und welche Projekte auf die Straße gekommen sind.

Insgesamt wird eine rosa Wirklichkeit gemalt, denn Forschungspolitik organisiert sich nach anderen Methoden als die Wahrheitsfindung der Forschung selbst. Der Markt ist der Staat, es geht um scheinbare Größe und zur Schau gestellte Visibilität. Als Bild kommt mir Herr Tur Tur in den Sinn, der Scheinriese aus dem Kinderbuch „Jim Knopf und Lukas der Lokomotivführer" von Michael Ende[8]. Anders als andere Menschen wird Herr Tur Tur immer größer, umso weiter man sich von ihm entfernt. Aus der Ferne wirkt Herr Tur Tur daher riesenhaft. Auf der kleinen Insel Lummerland arbeitet Herr Tur Tur daher als Leuchtturm. Viele unserer Forschungsorganisationen sind Scheinriesen. Aus der Ferne betrachtet sind sie grandios wie Leuchttürme. Wenn man aber genauer hinsieht und sie näher betrachtet, dann ist alles viel, viel kleiner.

Betrachten wir also die Wirklichkeit jenseits der Paraworld. In der Forschungs- und Innovationspolitik fallen Anspruch und Wirklichkeit weit auseinander, insbesondere bei der Kooperation von Forschung und Wirtschaft. Der Innovationsfortschritt liegt oft nicht vor dem Marktfortschritt (*pre-competitive*) oder zumindest gleichauf, manchmal liegt er sogar dahinter. Das liegt nicht an den zum Teil sehr begabten und engagierten Forschern, das liegt im Wesentlichen an der Struktur und der Förderlogik. Inhaltliche Arbeitsprogramme der Förderprogramme, die die Grundlage für die nächsten Förderaufrufe darstellen, werden aus den existierenden Communities der Fördernehmer gespeist. Dies gilt auch für Studien, die Vorhersagen darüber erstellen, wie sich Technologie und Märkte weiterentwickeln könnten.

Die altehrwürdige deutsche Industrie, die schon in der industriellen Ära groß war, scheint in der Zeit der Digitalisierung nicht mehr genau zu wissen, ob und wie sie noch gebraucht wird. Richard Florida hat darauf hingewiesen, dass wir auch in Zukunft große Unternehmen brauchen: *„We still need large organisations to do many things."*[9] Das ist sicher richtig. Dabei wird oft argumentiert, die geförderten Strukturen müssten ein gewisses Momentum von Größe im Markt aufbauen. Ein gefährliches Argument, weil dieses Momentum in der digitalen Ära schnell verpufft.

Aber häufig haben diese Konzerne eigene, abgekoppelte Forschungsstrukturen, die – ideal angepasst an die Förderlogik – ebenfalls ein

förderungsgeborenes Eigenleben führen. Der US-amerikanische Sozi-
ologe William H. Wythe hat in seinem Werk „The Organization Man"
schon in den 1960er-Jahren ausführlich untersucht, wie große Konzerne ihre Forschung organisieren. Dabei befinden sich gerade angestellte Forscher von großen Unternehmen in einem Zielkonflikt: *„By
its very nature, discovery has an accidental quality. Methodological as one
can be in following up a question, the all-important question itself is likely to
be a sort of chance distraction of the work at hand. At this point you don't
know what practical use the question could lead to nor should you worry the
point. There will be time enough later for that; and in retrospect, it will be
easy to show how well planned and systematized the discovery was all along.
Rationalize curiosity too early, however, and you kill it."*[10]

Das Ergebnis dieses Vorgehens ist eine besondere Betonung der Dokumentation des Aufwands, hinter die die eigentlichen Ergebnisse
zurücktreten müssen. Es kommt nicht darauf an, ob etwas herausge-
kommen ist, sondern nur darauf, dass nach dem zuvor festgelegten
Plan vorgegangen wurde. Die Ergebnisse sind daher alles andere als
exzellent und die Evaluationen ziemlich politisch.

Daneben gibt es in Deutschland die außeruniversitäre Forschung.
Mein Vater arbeitete stets für die Max-Planck-Gesellschaft. Seine ide-
alistischen Vorstellungen der kommerzfreien Grundlagenforschung
mögen in Teilbereichen noch heute vertreten werden. Und ich habe
nichts dagegen, wenn sich Wissenschaftler ein Leben lang ganz
grundsätzlichen Problemen widmen. Unsere innovationspolitischen
Probleme können damit aber nur sehr indirekt angegangen werden,
denn außeruniversitäre staatliche Forschungseinrichtungen verfolgen
in der Regel langfristige Forschungsziele. Dem liegt die Vorstellung
zugrunde, dass die Forschung vor dem Innovationsprozess und dieser vor der Markteinführung liegt. In einer Zeit der Ungleichzeitigkeit
ist dies jedoch selten der Fall – das Modell bricht sich an der Wirklichkeit. Eigentlich müsste es – zumindest auch – umgekehrt sein, dass
die Forschung die Impulse des Marktes aufnimmt und für aktuelle
Fragestellungen Lösungen anbietet. Dafür steht – in der Theorie – die
angewandte Forschung.

In der Sache funktioniert dies aber nur, wenn die angewandte Forschung den *state of the art* tatsächlich treibt. Leider kann man das nicht uneingeschränkt sagen. Häufig ist der Markt unseren Forschern weit voraus. Helga Nowotny schrieb dazu: „Politische Agenden zielten lange darauf ab, technologische Innovationen zu promoten, einschließlich der Versuche diverser Zukunftsforschungsansätze, um damit ein Relais für die Konstruktion einer gemeinsamen Vision der Zukunft zu schaffen. Umgekehrt setzt dieser Prozess aber voraus, dass man aktiv und interaktiv mit dem defragmentierten und unentschiedenen Prozess umgehen kann, den wir als Zukunft ansehen. Es verbreitet sich aber eine wachsende Einsicht, dass der Innovationsprozess nicht automatisch Ergebnissen der Forschung folgt, was auch immer deren Potenzial sein könnte. Das lineare Modell, dass zunächst die Grundlagenforschung sieht, deren Ergebnisse in irgendeiner Weise ihren Weg finden werden und mindestens in angewandte Forschung übersetzt werden, um dann noch später im Markt in der Form von Produkten zu enden, erscheint wie eine idealisierte Version dessen, was in der Vergangenheit geschehen ist, insbesondere nach dem zweiten Weltkrieg."[11]

Obwohl die institutionelle Forschung große öffentliche Zuwendungen erhält, schafft sie es nach meiner Erfahrung häufig nicht einmal, mit dem marktkonformen Innovationsfortschritt mitzuhalten. Eine Ausnahme ist hier vielleicht die institutionelle und klinische Forschung im Bereich der Medizin. Denn hier zwingt die Regulierung seit vielen Jahrzehnten dazu, klinische Studien durchzuführen. Auch in anderen Bereichen kann es Ausnahmen geben, insbesondere im Bereich wirtschaftsnaher, zum Teil sogar privater Hochschulen. Sie stellen vielleicht eine Chance für die Lösung der angedeuteten Problematik dar. Sie sind in der Regel praxisnäher und daher innovativer als Universitäten. Das wissenschaftliche Personal ist eng mit der Wirtschaft vernetzt. Die Wege zu den Unternehmen sind in der Regel kürzer.

Dafür betreiben staatlicher Forschungsinstitute lieber in hohem Maße Lobbying und machen Werbung für ihre Strukturen, die mit vergleichsweise hohen Transaktions- und Overheadkosten in der Regel nur horizontale Innovationen hervorbringen. Ausnahmen bestätigen die Regel: Es ist nachgerade peinlich, dass zum Beispiel die Fraunhofer-Gesellschaft immer noch gebetsmühlenhaft auf die Erfindung von MP3 durch Karl-Heinz Brandenburg[12] verweist. Ich habe Brandenburg einmal auf einer Geburtstagsfeier kennengelernt, und er ist in der Tat ein sympathischer Mensch, der auf dem Teppich geblieben ist. Aber eine so große und föderalisierte Gesellschaft wie Fraunhofer sollte keine Erfindung aus dem Jahre 2001 als Flaggschiff vor sich hertragen müssen. Gerade für Landespolitiker sind die Fraunhofer-Institute oft der Heilsbringer. Sie loben „ihr" Fraunhofer-Institut gerne über den grünen Klee – es bleibt ihnen ja auch nichts anderes übrig, schließlich können sie wohl kaum zugeben, dass dieses in vielen Fällen nicht auf der Höhe der Zeit ist.

Grundsätzlich ist angewandte Forschung sehr von den konkreten Leuten abhängig. In meiner Erfahrung handelt es sich hier aber um sehr teure, von Eitelkeiten und Privilegien gesteuerte Systeme, deren interne Rangordnung von anderen Parametern abhängig ist, wie die Frage der erfolgreichen Umsetzung im Markt.

Interessant wäre eine Untersuchung, wie viel Geld diese Einrichtungen über die Jahrzehnte tatsächlich bekommen haben. Dabei sollte die wissenschaftliche Exzellenz mit dem Markt-Output ins Verhältnis gesetzt werden. Ein gutes Beobachtungsobjekt wäre das Deutsche Forschungszentrum für Künstliche Intelligenz (DFKI). Angesiedelt in Rheinland-Pfalz und im Saarland hat es dieses Institut fertiggebracht, über Jahrzehnte viel Geld zu akquirieren[13]. Als Viele die künstliche Intelligenz (KI) schon abgeschrieben hatten, hat sich Deutschland immer zu dieser Technologie bekannt und das Institut weiterhin großzügig unterstützt. Jetzt hat sich der Wind gedreht, KI erreicht endlich den Massenmarkt und avanciert zu einem großen Thema. Eigentlich müsste das DFKI im Wochenrhythmus neue Produkte auf die Straße bringen – aber das geschieht nicht im erhofften Ausmaß. KI-Innovationen kommen eher aus Kalifornien zu uns als aus dem Saarland.

Die meisten innovativen Geschäftsmodelle, Dienstleistungen und Inhalte werden von kleinen Unternehmen entwickelt. Zugleich ist aber Innovation innerhalb von KMU häufig nach außen weniger sichtbar und manchmal sogar für das KMU selbst nicht erkennbar. In KMU, die mit geringen Ressourcen arbeiten, können zudem die innovativsten und vielversprechendsten Projekte aus Forschung und Entwicklung (F&E-Projekte) abgebrochen werden, weil sie zu riskant sind, um mit Krediten finanziert zu werden. Die Antwort auf die Frage, warum KMU heute weniger für Forschung aufwenden, ist wohl vor allem hier zu finden. Das Tempo der Innovation fordert seinen Preis. Innovationsorientierte Unternehmen können sich keine Zeit für Innovationen nehmen. KMU im Innovationssektor müssen heute hohe Risiken eingehen. Der ständige Kampf ums Überleben bindet im globalen Wettbewerb immer mehr Kräfte. Das ist kein Widerspruch: Zwar haben vor allem KMU das Potenzial, Innovationen zu treiben, aber dieses Potenzial wird zu wenig ausgenutzt, weil die Mittel fehlen.

Deshalb ist ein starker KMU-Ansatz entscheidend für den Erfolg der Innovationspolitik. Aber die Forschungsmilliarden landen fast nie bei den KMU, für die sie mal gedacht waren, sondern bei Konzernen, außeruniversitären Forschungseinrichtungen und Universitäten. Der Markt des Staates orientiert sich kaum an den tatsächlichen Bedürfnissen kleiner und mittlerer Unternehmen, sondern an der Paraworld. Und Letztere haben keine Zeit und Geduld, sich an die Bedürfnisse des Staatsmarkts anzupassen. Denn das angewandte Forschungsumfeld zielt nicht darauf ab, neue, erfolgreiche Klein- und Kleinstunternehmen im Markt zu etablieren, erfolgreich werden und richtig wachsen zu lassen, sondern darauf, eigene Strukturen zu erhalten und auszubauen.

Die einzige Chance der KMU ist es, sich auf den Fördermarkt zu spezialisieren und sich nur noch dort zu engagieren – unterstützt von spezialisierten Forschungs-Förderungs-Beratungs-Firmen, die thematisch vergebene Förderaufrufe genau verfolgen. Sie entscheiden sich dann für die Paraworld und verlassen häufig den Bereich des echten Wettbewerbs. Verbundforschungsprojekte werden daher vor allem von speziell für die auf Kooperation ausgerichteten KMU durchgeführt. So entsteht ein „förderungsgeborener" Anbieterkreis von „Quoten-KMU", die darauf spezialisiert sind, sich nicht an Ergebnissen, sondern am Aufwand zu orientieren. Es ist allerdings sicherlich nicht der richtige Weg, solche Firmen dafür zu bestrafen, dass sie sich die Kompetenz erarbeitet haben, in diesem volatilen – wenn auch komplett künstlichen – Umfeld zu überleben.

Universitäten sind leider sehr selten in der Lage, Innovationen zu treiben. Das ist nicht neu. Whyte schreibt dazu: *„As the universities have accepted more research contracts, they have relinquished control over the direction of research. The government sets the tune; committees responsible to it specify the problems, pass on the work and appoint the personnel. The universities provide the setting and essential housekeeping services."*[14] Umso größer die Projekte werden, umso stärker wird dieser Effekt. Ich kannte noch sogenannte integrierte Projekte (IP-Projekte), bei denen man etwa zehn Millionen Euro für ein Projekt als Zuschuss mobilisierte (manchmal mehr) und die bis zu 20 Partner in ganz Europa hatten. Sie waren als politische Leuchtturmprojekte interessant. In der Realität blieben sie weit hinter den Erwartungen zurück. Das hat man langsam eingesehen, die Anzahl an IP-Projekten heruntergefahren und sie weitgehend abgeschafft. Zu groß war die Kritik an der mangelnden Output-Qualität.

Statt hier anzusetzen und vermehrt kleine Projekte zu unterstützen, erdachten Lobbyisten und ehrgeizige Mitarbeiter in der EU-Kommission, die über eine solche Struktur Chancen für die eigene Karriere witterten, eine neue Kategorie: das sogenannte PPP (*Public Private Partnership*). Diese Projekte sind – ähnlich wie die Banken in der Krise – *too big to fail*. Für eine solche Aktivität werden locker zwei- bis dreihundert Millionen Euro mobilisiert. Ich habe mich seinerzeit mit der Vorbereitung des sogenannten *PPP Future Internet*, das die nächste Internetgeneration vorbereiten sollte, beschäftigt. Ich war in einer Art Pilotgruppe für dieses Projekt. Es wurde über vier Jahre vorbereitet. Als es dann zum Schwur kam, wurden die ersten hundert Millionen Euro zwischen SAP und Telefónica aufgeteilt. Niemand hat jemals wieder irgendetwas von dem Geld gesehen. Weder SAP noch Telefónica wurden zu Internetfirmen. Die zweiten hundert Millionen wurden dann an die etablierte internetferne Förder-*Community* verteilt. Mir – ich vertrat damals die Computerspielentwickler Europas – wurde mitgeteilt, dass es keine relevante europäische Medienindustrie gäbe und man deshalb von vornherein lieber mit Disney zusammenarbeiten würde. Manchmal, wenn ich in diesen Tagen die Star-Wars-Kampagne beobachte, denke ich mir, dass es nicht unwahrscheinlich ist, dass europäische Steuermittel Disneys Technologien finanziert haben – die dann wieder gegen die europäische Medienindustrie eingesetzt werden. Zu spät dämmerte es den Verantwortlichen des besagten EU-Projekts, dass die Zukunft des Internets möglicherweise auch mit realen Internetfirmen aus Europa zusammenhängen könnte und dass die Ergebnisse des Projekts unerträglich schlecht waren.

Eine Freundin von mir, nennen wir sie Lara[15], arbeitet nunmehr seit Jahren in einem sehr gut durchfinanzierten europäischen Projekt für die Vernetzung von kleinen und mittleren Unternehmen. Als ich sie kennenlernte, vor knapp 20 Jahren, war sie noch Studentin und träumte davon, einmal für Europa-Projekte tätig zu sein. Ihre ganze Karriereplanung war darauf ausgerichtet. Und sie hat es geschafft. Als sie vor einigen Jahren mit ihrer Tätigkeit begann, besuchte sie mich voller Elan und stolz wie Bolle, da ich ja zu dieser Zeit viele EU-Projekte zum Teil sogar gleichzeitig abwickelte und sozusagen als Experte für EU-Projekte galt.

Ich fragte sie, was denn die kleinen und mittleren Unternehmen von der Kooperation mit großen Konzernen, mittleren Unternehmen und Universitäten haben würden. „Ja", sagte meine Freundin, „wir stellen ein Netzwerk zur Verfügung und in dieses Netzwerk möchten wir, dass kleine und mittlere Unternehmen, auch Start-ups, eingebunden werden." Ich war wie immer sehr kritisch und bezweifelte sofort, dass den Start-ups und KMU mit der Einbindung in Netzwerke überhaupt geholfen werden könne. Sie bräuchten vor allem Geld, da sie immer sehr wenig private Mittel hätten. Sie bräuchten Kunden und finanzielle Unterstützung. Einige von ihnen würden scheitern, andere würden durchkommen, und häufig würde die Frage, ob sie weitermachen könnten, davon abhängen, ob sie zusätzliche Geldmittel mobilisieren könnten oder nicht. „Nein", sagte Lara damals, „das ist nicht der Punkt. Durch die Einbindung in Netzwerke werden unsere Unternehmen so viele wirtschaftliche Möglichkeiten erhalten, am Markt tätig zu werden, dass eine wirtschaftliche Förderung nicht so wichtig ist. Vielmehr ist es in unserem Interesse, diese Förderung nicht in Geld zu geben. Nur so können wir nachhaltig kleine und mittlere Unternehmen unterstützen." „Gut", sagte ich, „lassen wir uns überraschen. Es wird sich zeigen, was du tun kannst. Manchmal sind es die kleinen Hinweise, die kleinen Vermittlungen von Kunden oder Mitarbeitern, die entscheidende Impulse sind in solchen Strukturen. Es kommt auf die einzelnen handelnden Personen an."

Neulich, nach einigen Jahren, habe ich meine Freundin wieder getroffen. Sie war sehr verzweifelt. Sie sagte: „Der Benefit, den wir den kleinen und mittleren Unternehmen anbieten können, ist mit unserem Netzwerk sehr begrenzt. Geld können wir ihnen gar keines geben. Und jetzt ist unsere Ansage aus der Leitung, dass wir unsere Netzwerkleistungen an die kleinen und mittleren Unternehmen verkaufen sollen. Das heißt, für die Einbindung in das Netzwerk sollen wir jetzt erhebliche Summen verlangen. Ich mache meine Arbeit heute nur noch ungern. Ich wollte immer den kleinen und mittleren Unternehmen helfen, aber ich glaube nicht mehr, dass dies der richtige Weg ist. Wir sind alle gut bezahlt, arbeiten in einem schicken und sehr gut ausgestatteten Büro – aber jetzt müssen wir die Mitgliedschaft an unserem Netzwerk an die Start-ups verkaufen. Aber die haben viel weniger Geld als wir, und es ist gar nicht sicher, dass ihnen das Netzwerk überhaupt etwas nutzt. Ich finde das System falsch. Besser wäre es natürlich, wir könnten den kleinen und mittleren Unternehmen einfach Geld geben. Oder wir würden sie zumindest in Ruhe lassen, ohne von ihnen Geld zu nehmen."

Wenn für Start-ups und Innovatoren Geld bereitgestellt wird, dann häufig nicht direkt, sondern über Infrastruktur-Initiativen. Sehr beliebt sind Förderungen von Cluster- und Netzwerkstrukturen, mithilfe derer sich Berater gesundstoßen und Tausende von Euros pro Tag abrechnen, um für Start-up-Unternehmer, die oft nicht wissen, wie sie ihr Essen bezahlen sollen, Events der Fort- und Weiterbildung zu veranstalten. Damit errichtet sich die forschungspolitische Paraworld mitunter ein Publikum bezahlter Claqueure. Hier muss man streng verschiedene Netzwerkstrukturen unterscheiden.

Die einen Netzwerkstrukturen sind wie das media:net berlinbrandenburg oder der GAME-Bundesverband Strukturen, die aus der Industrie selbst entstanden sind. Diese nehmen aktiv die Interessen der sie tragenden Unternehmen wahr. Andere Netzwerkstrukturen sind förderungsgeboren und entstanden, weil ein Förderprogramm Netzwerkstrukturen etablieren wollte. Diese Netzwerkstrukturen fallen in der Regel sofort wieder zusammen, wenn die Förderung ausläuft. Sie sind nicht lebensfähig und werden in der Regel von Akteuren initiiert, die Förderungsspezialisten und Berater sind. Absurderweise fördert der Staat vor allem solche ad-hoc-Netzwerke und nicht Strukturen, die bereits bestehen. Dabei gibt es immer das Problem, dass sich Fördergeber ihr Publikum erkaufen und erwarten, dass die Netzwerke nach dem Motto „des Brot ich ess, des Lied ich sing" ihnen entsprechenden Respekt entgegenbringen.

Es gibt sehr seltene Fälle, in denen mit Förderung angeschobene Netzwerkprojekte ein tatsächlich wirtschaftliches Eigenleben entwickelten, wie zum Beispiel die britische Spiele-Entwickler-Organisation TIGA[16], die aus so einem Projekt entstanden ist. Aber auch TIGA nimmt heute pro Mitglied fünftausend britische Pfund Mitgliedsgebühr. Ich möchte gar nicht ausschließen, dass in bestimmten Fällen Cluster-Förderung und Netzwerkstrukturen eine möglicherweise sogar wichtige Rolle im Innovationsökosystem spielen können. Insbesondere möchte ich auf Auslandsreisen hinweisen, die solche Gruppen gemeinsam unternehmen können, zum Beispiel zu Messen in

Übersee. Ich habe bei solchen Veranstaltungen gute Erfahrungen gemacht, da sie den Zusammenhalt fördern.

Manchmal entsteht der Eindruck, man fördere große Strukturen am liebsten direkt über Zuschüsse, während die KMU und Gründer über Clusterförderung an die private Investmentindustrie verwiesen werden – wo man ihnen beim langsamen Verrecken zusehen kann. Gründer tragen die Hauptlast der Innovation. Aber gerade deshalb haben sie wenig Zeit, und schon gar keine, um Seminare zu besuchen, die vermitteln, wie sie ihr Unternehmen besser gründen sollen. Sie müssen sich mit der Konkurrenz auseinandersetzen und vor allem ihr eigenes Unternehmen inhaltlich und gegebenenfalls auch technologisch aufbauen. Sicher, solche Projekte sind sehr leicht verdientes Geld für Berater. Ich selbst habe solche Aufträge immer wieder gerne angenommen. Aber den Kern des Problems lösen sie nicht. Am dringendsten brauchen Start-ups nicht Vernetzung und Weiterbildung (was uns Berater gerne glauben machen wollen), sondern eigene Mittel, um sich in Ruhe auf ihr Projekt konzentrieren zu können. Die Zusammenarbeit mit großen Unternehmen ist nur in speziellen Fällen notwendig und sinnvoll.

Eine unmittelbare finanzielle Förderung von Start-ups und Innovatoren kann eine solche Struktur nicht einmal im Ansatz ersetzen. Und darin liegt das Hauptproblem. Im *Games*-Bereich wurde z.B. in einer speziellen Phase von denen, die damals eine echte Förderung für die Entwicklung von Computerspielen verhindern wollten, eine Stiftung ins Leben gerufen. Für diejenigen, die als Interessenwahrer der Importeure auftraten, war eine solche Stiftung ein willkommenes Abstellgleis, um eine echte Förderung innovativer KMU zu verhindern. Solche indirekte Förderung wird häufig als halbgare Ausrede genutzt. Diejenigen, um die es geht, und das muss man wissen, werden nicht erreicht.

Wir erleben also eine Paraworld. Die derzeitigen Unterstützungsmechanismen, die Innovationen und Forschung fördern wollen, haben ein eigenständiges Innovationsunterstützungs-Ökosystem geschaffen, in dem Unternehmen, Berater und Beamte zur Bewältigung immer wechselnder Rahmenbedingungen, der derzeit modischen politischen Rhetorik und dem Aufbau eines umfassenden Kontaktnetzes miteinander in Kontakt stehen. Das Risiko, das die brillantesten Projektanträge statt wirklich innovativer Produkte, Inhalte oder Dienstleistungen gefördert werden, ist bemerkenswert. Deshalb sind die Akteure, die am meisten von dem derzeitigen öffentlichen Unterstützungssystem für Innovationen profitieren, die Beraterfirmen und Konzerne.

Unterstützungsmechanismen müssen aber die Veränderungen im Hintergrund der Innovationen abbilden. Sie müssen wirklich neue Innovationen hinter der formalen Qualität der Anträge identifizieren. Das ist schwer. Das aktuelle Bewerbungsverfahren basiert auf der langen Tradition der akademischen Forschungsförderung. Es ist bürokratisch, komplex und nicht flexibel. Es erfordert die Beherrschung der derzeit modischen Rhetorik und ständig wechselnder Regeln. Wenn man die Bedürfnisse von echten Innovatoren ansprechen will, müssen die Förderstrukturen vereinfacht und der damit verbundene Verwaltungsaufwand massiv verringert werden. In Deutschland kommt hinzu, dass die betrauten Evaluationsagenturen in der Regel ältere Herren als Vollzeit-Evaluatoren beschäftigen, die wenig Blick für die aktuellen Themen haben und die das Ausmaß der vertikalen Innovation selbst kaum zu begreifen scheinen.

Die Umstellung der KMU-Förderung auf direkte Finanzierung von Innovationsprojekten ist eine zwingende Voraussetzung für eine verbesserte Innovationspolitik. Ein Mittel wäre, spezielle KMU-Förderstrecken zu entwickeln, die möglichst ergebnisoffen sind (so wie das neue disruptive KMU-Förderprogramm im EU-Kontext von Horizon 2020). Dies ist wahrscheinlich die beste Methode. Eine rein steuerliche Förderung, die durch die Hintertür wieder die Kollaboration mit dem etablierten Forschungssystem erzwingt, wird wenig helfen. Auch sollte gerade die Kultur- und Kreativwirtschaft niederschwellig adressiert werden. Außerdem sollten Kriterien für die Marktorientierung der Forschung für alle (also auch für die institutionelle Forschung von Konzernen, Universitäten und Forschungsinstituten) deutlich verschärft werden, um die Ergebnisorientierung stärker in den Mittelpunkt zu stellen.

Meine Erfahrungen, wie ich sie jetzt hier zusammengefasst habe, sind nicht nur negativ. Sicher, das ist eine verrückte Paraworld, die in keiner Weise die reale Welt abbildet. Aber auch das ist relativ. Einem meiner besten Freunde aus dieser Zeit fasste ich meine Erkenntnisse einmal zusammen, während wir auf Projektreise in Lissabon bei schönstem Wetter in einem Café saßen. Ich sagte zu ihm: „Das ist doch alles eine Paraworld!" „Nein, Malte", sagte er, „genau das ist die Wirklichkeit." Da hatte er nun auch wieder Recht. Leider.

Fassen wir die Ergebnisse zusammen:

- Forschung orientiert sich am Staatsmarkt und hat eine Paraworld errichtet.

- Die Zusammenarbeit zwischen Forschung und Wirtschaft funktioniert kaum.

- Kollaborative Strukturen und Clusterförderungen können Start-ups nur begrenzt helfen.

- KMU werden zu wenig und nicht direkt unterstützt.

FÖRDERUNGEN

Irgendwann in den ersten Jahren des neuen Jahrtausends war der Tag gekommen, an dem wir zum ersten Mal als Verbände der Computerspielentwickler bei der EU-Kommission vorsprachen. Ich war der deutsche Vertreter. Das Treffen war im Wesentlichen von den Engländern organisiert worden, die ja die größte Spielentwickler-*Community* in Europa hatten. Einen europäischen Verband gab es damals noch nicht. In Brüssel trafen wir eine Reihe von Beamten in verschiedenen Generaldirektionen. Für mich war alles ganz neu. Alle sagten uns, dass es keine Programme gäbe, um Initiativen wie die unsere zu unterstützen. Es gäbe allerdings immer wieder interessante Forschungsprojekte. In wenigen Wochen gäbe es in Nizza ein Treffen für eine neuartige Plattform. Die Vertreter der anderen Landesverbände waren damals nicht interessiert, an diesem Treffen teilzunehmen. Ich wollte mir das mal ansehen. Auf der Veranstaltung kannte ich niemanden. Am Vorabend hatte ich mich mit einem Onkel besprochen, der schon etwas Europapolitik gemacht hatte, und er hatte mir den Tipp gegeben, überhaupt irgendetwas zu sagen: „Ansonsten werden sie dich gar nicht wahrnehmen."

Die Veranstaltung fand in einem sehr eleganten Hotel direkt an der Uferpromenade von Nizza statt. Ich hatte so ein Hotel noch nie von innen gesehen und war etwas eingeschüchtert. Als ich den Raum endlich gefunden hatte, hatten die Präsentationen bereits angefangen. Ich schlich mich in den Saal. Alle Präsentationen erläuterten Strategien, um in Zukunft audiovisuelle Inhalte zu den Endkonsumenten zu bringen. Es waren eigentlich alle großen Konzerne Europas anwesend, also Telekommunikation, Fernsehsender, aber auch Firmen wie Nokia, Philips und Siemens. Ich erinnere mich an sehr viele Präsentationen im Zehnminutentakt. In ihnen wurde dargestellt, wie audiovisuelle Inhalte von A nach B geleitet werden, wie sie verschlüsselt, über Kabel, terrestrisch oder über Satellit verschickt werden und letztlich zum Konsumenten kommen sollten. In allen Präsentationen gab es

Kreise und Pfeile, und am Ende stand immer der Endkonsument, den aber niemand näher erläuterte. Es schien niemand überlegt zu haben, welche Inhalte verschickt werden sollten. Nach der Präsentationsphase, die zwischen 9:00 Uhr und 13:45 Uhr ohne Pause angesetzt war, gab es eine Fragerunde von 13:45 Uhr bis 14:00 Uhr, also nur 15 Minuten Fragen für fast sechs Stunden Präsentationen. Ich habe mich sofort gemeldet. Das war meine einzige Chance. Wenn ich jetzt nichts sagte, dann hätte ich auch in Berlin bleiben können. Aber ich hatte doch ziemlichen Respekt vor der Situation. Ich nahm meinen ganzen Mut zusammen, meldete mich und sagte, dass ich lauter Durchleitungsmodelle gesehen hätte, aber niemand habe über die Inhalte gesprochen, die durch die Modelle geleitet werden sollten. Nach meiner Meldung gab es noch zwei Verständnisfragen, dann war die Veranstaltung zu Ende. Alle rannten davon (später erfuhr ich, dass alle zum Flughafen eilten, weil sie jede Woche an solchen Veranstaltungen irgendwo in Europa teilnahmen). Ich blieb derweil auf meinem Stuhl sitzen und grübelte noch etwas über meinen mutigen Redebeitrag. Dann kamen einige Consultants auf mich zu, drückten mir vier oder fünf Visitenkarten in die Hand und ich gab ihnen meine; ich ließ das gedankenverloren geschehen. Der große Ballsaal leerte sich in Windeseile und bald war ich allein.

Zunächst hatte es den Anschein, dass meine Reise nach Nizza völlig sinnlos gewesen war. Die Veranstaltung war im November. Es passierte monatelang nichts. Dann, etwa drei Monate später, bekam ich eine E-Mail von einem Consultant, in der ich aufgefordert wurde, meinen Lebenslauf als einseitiges Worddokument und eine kurze Darstellung des deutschen GAME-Verbandes (als Textblock) zu mailen. Ich habe das schnell erledigt (so etwas hatte ich ja vorliegen für die Events, auf denen ich zu dieser Zeit ständig aufgetreten bin), ohne dass ich wusste, worum es gehen sollte, oder mir viel dabei gedacht hätte. Etwa im März, ich erinnere mich noch genau, denn ich war gerade im Zug nach Frankfurt/Flughafen auf dem Weg in die Osterferien nach Mexiko, rief mich ein anderer Berater aus Frankreich an und fragte mich nach meinem monatlichen Satz. Ich hatte noch nie einen monatlichen Satz aufgerufen. Ich sagte: „Ich weiß nicht, vielleicht 5.000 Euro?" Antwort: „Nein, das geht nicht, es müssen mindestens 10.000 Euro sein. Niedrigere Summen können wir in unserem Softwaresystem nicht verarbeiten." „Gut", sagte ich, „dann nehmen Sie eben 10.000 Euro." Ich fuhr in die Osterferien und hatte immer noch keine Ahnung, was passieren würde. Der Sommer verging und ich vergaß das Telefonat und kümmerte mich um andere Dinge (als politischer Aktivist ist man schließlich immer sehr beschäftigt). Im September bekam ich plötzlich eine E-Mail, dass „unser" Konsortium akzeptiert worden sei (ich wusste nichts von irgendeinem Konsortium) und dass ich Anfang Oktober nach Brüssel kommen sollte zu einem Launch-Event. Erst dann habe ich verstanden, dass man mich tatsächlich in ein EU-Projekt eingebunden hatte und dass dieses finanziert worden war. Das hatte mir vorher keiner gesagt. So kam ich zur Forschung.

Seit diesem Tag habe ich über knapp zehn Jahre hinweg ununterbrochen und zum Teil sogar an mehreren EU-Forschungsprojekten gleichzeitig teilgenommen und in zunehmendem Maße von diesen Aktivitäten gelebt (und in den letzten Jahren zudem noch einen Mitarbeiter finanziert). Während der ersten Jahre habe ich auch meine Dissertation fertig gestellt.

Ich erzähle diese Geschichte auch deshalb, weil sie zeigt, dass es möglich ist, dass die pervertierten Systeme immer wieder zur eigenen Perversion neigen und quasi mit doppelten Salto und relativ zufällig auch diejenigen erreichen, die etwas bewegen wollen. Und so wurde ich Teil dieser *Community*. Ich war als politischer Aktivist angetreten und habe im Laufe der Jahre meine Lektionen gelernt. Dass ich insgesamt sechs EU-Forschungsprojekte machen und danach Hochschulprofessor werden würde, war jedenfalls zu Beginn nicht geplant.

Aber ich muss zugeben, dass dieses System mich, ohne dass ich es gemerkt hätte, dorthin gebracht hat, wo ich jetzt bin. Ich bin ihm also durchaus zu Dank verpflichtet und räume ein, dass viele der Menschen, die in diesen Forschungssystemen arbeiten, interessante, interessierte und glaubwürdige Persönlichkeiten sind. Aber sie sind es nicht wegen des Systems, sondern trotz des Systems.

Ich bin dann sukzessive auf eigene inhaltlich kritischere EU-Förderprojekte umgestiegen, als mir – erst nach Jahren – klar wurde, dass es ganz viele große Konzerne gab, die sich auf meinem Ticket das Mütchen kühlten. Ich habe den Projekten mit meinem Namen die notwendige Glaubwürdigkeit gegeben und nur einen Bruchteil des Budgets erhalten. Das Projekt, das ich als Letztes realisiert habe und bei dem ich mit Abstand die besten (und neuesten) inhaltlichen Ergebnisse erzielt habe, ist administrativ am schlechtesten gelaufen, denn es eckte politisch an. Denn um die Sache – im Sinne von freien Forschungsergebnissen – geht es in der Forschungsförderung eigentlich überhaupt nicht. Alle teilnehmenden Akteure sind Experten und kennen sich seit Jahrzehnten. Die Themen laufen so durch – nur nicht auffallen. Die Ansprache in den Aufrufen, den *calls*, verändert sich immer etwas – so wie bei der Mode fallen die Röcke mal länger und mal kürzer aus –, ansonsten schaut jeder, dass er das macht, was er schon immer gemacht hat. Da hackt keine Krähe der anderen ein Auge aus. Natürlich gehören auch die Evaluatoren zur *Community*. Und auch sie sprechen gerne von wissenschaftlicher Exzellenz.

Am erfolgreichsten sind – wie wahrscheinlich überall – die Zyniker. Verloren habe ich den Glauben daran, dass die Größe des Unternehmens mit der Qualität der Forschung zusammenhängt. Die einzige Ausnahme war vielleicht Nokia, aber wir wissen heute, wie das ausgegangen ist. Das kann damit zusammenhängen, dass in den großen Konzernen die schwierigeren Leute häufig in die Forschungsabteilungen abgeschoben werden – und die schwierigsten von denen wiederum werden – ganz weit weg – bei den EU-Projekten geparkt. Auch hier gilt häufig: „Hast du einen Opa, dann schick ihn nach Europa."

Einige Forschungsförderprogramme erzwingen die Zusammenarbeit der Wirtschaft mit Forschungsinstitutionen. Die Entwicklung von

Konsortialforschung stellt Whyte als „Bürokratisierung" in den historischen Kontext des zweiten Weltkriegs in den Vereinigten Staaten.[1] Es geht um große gemeinsame nationale Anstrengungen, wie sie später noch nach der „Mann auf dem Mond"-Rede[2] von Kennedy umgesetzt wurden. Diese sogenannte kollaborative Forschung wird natürlich insbesondere von den Institutionen, die davon profitieren, sehr gelobt. Denn diese Forschungseinrichtungen wollen ihr Förder-Know-how in die Projekte einbringen. Kleine und mittlere Unternehmen werden bei der Konzeption in der Regel außen vor gelassen. Nur große Konzerne können eine eigene Agenda verfolgen und zugleich eine solche Partnerschaft auf Dauer aushalten. KMU sind jedoch gezwungen, sich der Forschungsagenda anzupassen und verlieren dann ihr eigenes Unternehmensziel leicht aus den Augen. Natürlich werden KMU das aber so nicht offenlegen. Sie machen lieber gute Miene zum bösen Spiel.

Bei Verbunds-Forschungsprojekten ist die Antragsstellung zwar mit viel Arbeit verbunden – man muss an zahlreichen Meetings teilnehmen, deren Vorbereitung sehr viel Zeit erfordert und deren Ausgang im Ungewissen liegt –, aber es wäre falsch, pauschal anzunehmen, dass die Durchführung eines solchen Projektes viel Arbeit kostet. Oft stehen die aufgewendeten Kosten in keinem Verhältnis zum tatsächlichen Ergebnis. Sobald ein Forschungsprojekt genehmigt wurde, treten bei großen Firmen Personen auf den Plan, die darauf spezialisiert sind, die Pflichtenkataloge darauf abzuklopfen, dass nur ein Minimum geleistet wird. An dieser Stelle könnte man einwenden, dass das schließlich im privaten Wettbewerb nicht anders sei. Richtig. Außerdem ist es – so könnte man es sehen – gerade der Sinn öffentlicher Förderung, Geld unter die Leute zu bringen; warum sollte man das nicht erreichen, indem man Projekte durchführt, deren Ergebnisse mit einem Bruchteil des Aufwandes durchführbar sind, so dass ein gewisser faktischer Aufwandsgewinn in den geförderten Unternehmen verbleibt? Ich muss sagen, ich habe lange eine gewisse Sympathie für diese Haltung gehabt.

Aber dieses System hat einen großen Nachteil: KMU sind es nicht gewohnt, über die Aufwandsabrechnung indirekt Geld zu verdienen. Während also Konzerne, Universitäten oder Forschungseinrichtungen aus Erfahrung nur das machen, was von ihnen verlangt wird – und sich den Anspruch, besondere Resultate (im Sinne von wissenschaftlicher Exzellenz) zu erzielen, von vorneherein abschminken –, kämpfen KMU um tatsächliche Ergebnisse und machen sich hier sehr viel Arbeit. Zugleich sitzen die erfahrenen Projektteilnehmer da und sehen den KMU bei der Arbeit zu, ohne aufzufallen. Da die etablierten Player die Mechanismen besser kennen, gelingt es ihnen leicht, bei der Definition der Arbeitspakete die beteiligten KMU (die alles unterschreiben, weil sie einen höheren finanziellen Druck haben) zu übervorteilen und im Preis-Leistungs-Verhältnis bessere Bedingungen zu verhandeln, während die echt dicken Bretter der Forschung für relativ wenig Geld von den KMU erledigt werden müssen. Wenn es Ärger gibt, wird auf politischer Ebene interveniert und alles wird unter den Teppich gekehrt. Und sollten zufällig doch tatsächliche Ergebnisse herauskommen, wird das dann häufig als Erfolg des gesamten Forschungsprojektes verkauft. Schon deshalb wäre es unfair, die förderungsgeborenen KMU pauschal zu bestrafen. Nach dem Projekt wandern die Ergebnisse in der Regel in die Schublade – für immer.

Das Ergebnis ist ein relativ schlechter Output. Ich erinnere mich an das Gespräch mit einem Vertreter eines großen traditionsreichen französischen Unternehmens, der mir erklärte, dass sein Unternehmen grundsätzlich nur Technologien zur Erforschung einreichen würde, die bereits so weit entwickelt worden seien, dass man sie abschätzen könne – was auch immer das heißt. In der Regel sind Forschungsprojekte im IKT-Bereich hinter der Entwicklung im Markt – und nicht vor ihr. Die Idee der *pre-competitiveness*, nach der die kollaborative Forschung in Bereichen stattfinde, die der Produktentwicklung so weit vorgelagert seien, dass noch kein Wettbewerb bestehe, ist oft eine reine Schimäre. Es gibt sicherlich einige Ausnahmen, aber die Frage der Qualität der Forschung hängt damit nur mittelbar zusammen: Die Stärke von Stanford ist auch die Stärke des Silicon Valley, und nicht umgekehrt. Wer ernsthaft glaubt, Innovation durch die alleinige Stärkung von Wissenschaft und Forschung initiieren zu können, hat den Zusammenhang von Ursache und Wirkung nicht komplett verstanden.

Wichtig wäre, die *calls* offener zu gestalten. Die inhaltliche Schwerpunktsetzung stärkt immer die etablierten Strukturen, die auf die Gestaltung der Inhalte Einfluss nehmen können. Es ist eher unwahrscheinlich, dass die konkreten Probleme, die der Markt gerade hat oder in einigen Jahren haben wird, bereits in einem Memo im Ministerium Eingang gefunden haben, wenn noch nicht einmal die Universitäten davon wissen. Dann ist es aber normalerweise schon zu spät. Heute reicht es nicht aus, Innovation als einfache Fortsetzung der Forschung zu sehen (siehe dazu oben). Innovation kann nicht reproduziert werden.

Man könnte gegen meine Kritik einwenden, dass ich mit meinen Erlebnissen eine Situation wiedergebe, die es so nur auf europäischer Ebene gegeben habe; in Deutschland sei die Situation jedoch grundsätzlich anders – und besser. Ich sehe das nicht so. Das liegt zunächst daran, dass Europa für viele – vor allem auch inhaltlich – ein Vorbild ist. Themen, die in deutschen Förderaufrufen auftauchen, sind mit ziemlicher Sicherheit einige Jahre früher auf europäischer Ebene gelaufen. Auch die Strukturen sind häufig vergleichbar. Allenfalls gibt es auf europäischer Ebene mehr Konkurrenz, weil die Budgets höher sind. Trotzdem hat Deutschland darüber hinaus noch seine speziellen Probleme.

Mir ist in meiner Zeit als Hochschulprofessor vor allem der oben angesprochene enge und rein technisch ausgerichtete Innovationsbegriff des deutschen ZIM-Programms (ZIM = Zentrales Innovationsprogramm Mittelstand[3]) bei zahlreichen Projekten zum Hindernis geworden. Warum Software bei vielen Programmen explizit oder indirekt ausgeschlossen ist, ist mir vollkommen unverständlich – findet doch ein Großteil der Innovationen auf dem Gebiet der Software statt. Insgesamt sollte man ZIM aufstocken und den Innovationsbegriff öffnen.

Ganz ähnlich gelagert ist der High-Tech Gründerfonds.[4] Hierbei handelt es sich um ein Förderprogramm für technikaffine Gründer, das ein wenig wie ein Investment funktioniert – an sich ganz charmant. Aber auch der High-Tech Gründerfonds versteht Innovationen zwingend als technologische Innovationen. Software-Innovationen werden nur in Ausnahmefällen zugelassen. Hier wird ebenfalls mit einem überalterten, rein technik-orientierten Innovationsbegriff operiert. Innovationen im Marketing, im Bereich neuer Geschäftsmodelle, im Bereich des Designs oder andere für die heutige Zeit besonders wichtige Innovationen werden nicht berücksichtigt. Gleiches gilt für Kreditförderungen der KfW.

Die Reduzierung der Förderung auf die rein technische Innovation lässt einen großen Bereich unserer wirtschaftlichen Entwicklung im Zeitalter der Digitalisierung außen vor. Gerade hier – in der Digitalisierung – vermischen sich rein technologische Innovationen mit anderen Innovationsmustern und gerade hier sind wir nicht ausreichend aufgestellt. Für mich liegen in diesen Details die Ursachen für die Schwäche Deutschlands in der Ökonomie nach dem *digital shift*. Mit falschen Kautelen schaffen wir falsche Anreize.

Diese Begrenzungen der Förderungen wurden historisch damit begründet, dass in der ersten Boomphase des Internets, der *dotcom bubble*, der der Zusammenbruch des neuen Marktes folgte, Fehlanreize gesetzt worden wären. Dabei ist die verfehlte deutsche Förderpolitik nicht für das Platzen dieser Blase verantwortlich zu machen. Es ist unverständlich, warum gerade Software so stark diskriminiert wird. Und: Selbst die Autoindustrie hat seit Jahrzehnten eingesehen, dass Markenführung und Design rein technische Innovationen an Bedeutung überholen können.

Ministerien berufen sich – angesprochen auf dieses Problem – immer wieder auf internationale Vereinbarungen wie das Oslo-Manual der OECD: *Guidelines for collecting and interpreting innovation data.*[5] Allerdings können diese rechtlichen Rahmenbedingungen auch anders ausgelegt werden (was offenbar in Deutschland in Zeiten der *dotcom bubble* schon geschehen ist). In der dritten Auflage der Richtlinien wurde der Innovationsbegriff bereits 2005 erweitert: „*Both the first and second editions used the technological product and process (TPP) definition of innovation. This reflected a focus on firms' technological development of new products and new production techniques and their diffusion to other firms. Discussion of organisational innovation and non-technological innovation was included in an annex. (...) However, innovation in services oriented sectors can differ substantially from innovation in many manufacturing-oriented sectors. It is often less formally organised, more incremental in nature and less technological. In order to establish a framework that better accommodates this broad range of industries, this edition modifies a number of definitions, terms and concepts. To identify the full range of changes that firms make to improve performance and their success in improving economic outcomes requires a broader framework than technological product and process innovation. The inclusion of marketing and organisational innovations creates a more complete framework, one that is better able to capture the changes that affect firm performance and contribute to the accumulation of knowledge.*"[6]

Es ist für Ministerien einfach, sich hinter internationalem Recht zu verstecken. Andere Mitgliedsstaaten der EU, wie zum Beispiel Finnland, praktizieren seit Jahren einen offeneren Innovationsbegriff, ohne mit diesen Regelungen in Konflikt zu geraten. Immerhin wurde von der Bundesregierung eine Studie zu nichttechnischen Innovationen in Auftrag gegeben – mit eher halbgaren Ergebnissen. [7]

In der Diskussion hat die steuerliche Forschungsförderung wieder an Aktualität gewonnen. Diese Modelle werden seit vielen Jahren disku-

tiert. Die Annahme ist, dass die bislang bestehenden antragsbezoge-
nen Forschungsförderungsmodelle zu langsam und ineffektiv seien.
Diese Analyse ist nicht von der Hand zu weisen. Richtig ist, dass es
fast in jedem anderen Land steuerliche Forschungsförderung gibt, nur
nicht in Deutschland. Die Förderung von F & E-Aktivitäten über steuerliche Modelle ist im Ausland weit verbreitet, und diese Möglichkeiten werden in Anspruch genommen.

Allerdings müssen die Modelle genau untersucht werden, bevor sie ins
deutsche Steuerrecht übertragen werden können. Dabei spielt vor allem
eine Rolle, dass diese Zuschüsse herangezogen werden, um bilanziell
im Konzert mit anderen Förderungen die Eigenkapitalbasis zu stärken.
Vor allem aber sind viele dieser Modelle auch anwendbar, wenn die
Projekte und/oder Unternehmen nicht profitabel sind und damit keine
Steuerpflicht auslösen: Unternehmen, die forschen, gehen bestimmte
Risiken ein – eine Wette auf die Zukunft. Nach unserer Vorstellung
kann man bestimmte Ausgaben unversteuert lassen, also „von der
Steuer absetzen". Voraussetzung dafür ist jedoch, dass man überhaupt
steuerpflichtig ist. Wenn man aber in die Zukunft investiert, dann
bringt es einem möglicherweise wenig, wenn es eine solche Förderung
gibt, weil man gar keinen zu versteuernden Gewinn hat. Der Clou der
steuerlichen Förderung, wie sie in England und Frankreich zum Beispiel praktiziert wird, ist, dass man die Steuerrückerstattung unabhängig davon bekommt, ob man überhaupt steuerpflichtig ist. Es handelt
sich also eigentlich um einen Steuerzuschuss. Im Ergebnis bekommt
man einen Teil seiner Aufwendungen vom Staat erstattet.

Voraussetzung für ein solches Modell ist also, dass man sich – was im
deutschen Steuerrecht nicht leichtfällt – gedanklich davon löst, dass
diese Steuerzuschüsse mit der Steuerpflicht zusammenhängen, die
auf Gewinne anfallen würden.

Sehr problematisch ist, dass diskutiert wird, diese steuerbasierte Förderung mit kollaborativer Forschung zu verknüpfen. Das würde bedeuten, dass ein solcher Steuerrabatt nur dann gewährt würde, wenn

die Unternehmen zugleich Geld investierten, um im Rahmen einer gemeinsamen Forschung mit Universitäten oder außeruniversitären
Forschungseinrichtungen zusammenzuarbeiten. Wenn wir eine steuerliche Forschungsförderung einführen und sie durch die Hintertür
wieder an die kollaborative Forschung ketten, werden die Effekte
weitgehend verpuffen. Innovative KMU und Start-ups wären von einer solchen Förderstrategie faktisch ausgeschlossen.

Profitieren würden Forschungsinstitute und Universitäten – zulasten
der Innovationskraft der kleinen Unternehmen. Denn gerade im IT-
Bereich ist es wenig wahrscheinlich, dass erstere innovative Forschung leisten können. Steuerliche Fördermodelle sind nur akzepta-
bel, wenn sie erstens auch dann erstatten, wenn keine Steuerpflicht
anfällt, und zweitens – zumindest für KMU – nicht darauf bestehen,
dass man mit den Steuerrabatten kollaborative Forschung einkaufen
muss.

Wird Förderung tatsächlich transparenter, wenn insgesamt weniger
Programme existieren? Die Reduktion von Förderprogrammen kann
nicht die alleinige Lösung sein, vielmehr geht es darum, wie diese aufgebaut sind. Gerade branchenspezifische Förderprogramme – oder
zumindest die exemplarische Erwähnung von Branchen in Aufrufen
– haben positive Effekte. Auch ist nicht jede Branche gleich. Damit
sich die richtigen Marktteilnehmer angesprochen fühlen, müssen sie
konkret benannt werden. Ein Beispiel aus meiner persönlichen Erfahrung: Lange stand in staatlichen Förderaufrufen, die sich an Entwickler von Computerspielen richteten, der Begriff *immersive Environ-
ments*. Damit waren *Games* gemeint; das verstand aber keiner, und so
ging die Förderung am Markt komplett vorbei. Erst als nach der Über-
windung von großen Widerständen der Begriff *Games* tatsächlich in
IKT-Arbeitsprogrammen auftauchte, fühlte sich die Games-Branche
angesprochen – und beantragte die ausgeschriebenen Fördermittel.

Aus meiner persönlichen Erfahrung heraus kann ich sagen, dass die
Förderberatung des Bundes keinesfalls formal, aber dafür umso mehr

faktisch an den Bedürfnissen der existierenden institutionellen Forschung orientiert ist. Am Markt orientierte KMU werden stiefmütterlich behandelt; sie haben aber auch selbst kaum Zeit und wenig Muße, sich in die Förderlogik einzudenken. Sie entscheiden sich gegen eine Teilnahme an einem Aufruf, weil der Aufwand zu groß wäre. In der Tat ist der Beratungsaufwand bei größeren Budgets institutioneller Partner in der Umsetzung prozentual geringer im Vergleich zu am Markt operierenden KMU. Der Weg des geringsten Widerstands führt die Berater daher regelmäßig hinaus aus dem KMU-Umfeld. Das gilt übrigens auch für die Evaluation, die überwiegend von hauptamtlichen älteren Personen aus dem universitären Umfeld vorgenommen wird.

In den vergangenen Jahren sind Projekte, für die staatliche Fördermittel aufgewendet wurden, daher größer und größer geworden. Dabei sollten sie kleiner und kleiner werden. Die Verwaltung großer Projekte ist genauso aufwändig wie die Verwaltung kleiner Projekte. Die Lösung kann nur sein, entweder die Verwaltung im Forschungsbereich personell zu verstärken oder in kleineren Projekten die Nachweislast drastisch zu reduzieren. Hier sollte mehr mit sogenannten *lump sums* (Pauschale zur Begleichung anfallender Projektkosten) gearbeitet werden.

Darüber hinaus sollte daran erinnert werden, dass KMU ergebnisorientiert sind, wohingegen Unternehmen, die sich auf Förderprojekte konzentrieren, prozessorientiert sind. Dies sollte bei der Bewertung der Projekte beachtet werden, da die besten Projektprozesse nicht die besten Ergebnisse garantieren. Im Allgemeinen bedeutet dies, dass Strukturen von Innovationsprogrammen flexibler, weniger richtlinienorientiert und weniger bürokratisch werden müssen.

Die sozialen Errungenschaften, die im Rahmen der Förderpolitik in den Mittelpunkt gestellt werden, sollten aber nicht den Blick auf die tatsächliche Innovation verstellen. In der Tat ist es so, dass Innovationspolitik stark von Innovationsträgern vorangetrieben wird, die sich

auf diese Innovationen konzentrieren. Die Vorstellung, dass man Förderpolitik lieber mit überwölbenden Querschnittsthemen bestückt,
sogenannten großen gesellschaftlichen Herausforderungen, ist nicht
neu. Beispiele: Die Inklusion Behinderter oder der Umweltschutz. Solche Querschnittsthemen führten nach meiner Erfahrung bislang eher
zu einiger Verwirrung bei allen Beteiligten und zu relativ wenig Output. Die Sonderthematik begünstigt bestehende Förderempfänger-
Communities, die es gewohnt sind, dieselben Ideen in allerlei sozialen
Kontexten neu aufzubrühen, ohne je ein echtes Ergebnis zu erzielen.
Die Konzentration auf solche Herausforderungen wirkt wie ein Stör-
sender und hemmt den Output im Sinne der Innovation – zum Wohle
all derer, die diese Entwicklung nicht wollen.

Eine Idee, die in diesem Zusammenhang immer wieder aufkommt, ist
der Technologietransfer von institutioneller geförderter Forschung.
Dabei geht es darum, dass man Institutionen – also Universitäten und
Forschungsinstituten – Förderungen dafür gibt, dass sie wiederum
Ausgründungen befördern. Das Gros des Geldes können sie behalten
– und die Macht. Die Denkweise entspringt häufig der institutionellen
Logik und wird nur in Einzelfällen wirklich zum Erfolg führen. Sie
orientiert sich an dem prozesshaften Innovationsbegriff, der Innovation zwischen Forschung und Marktreife stellt und mit dessen Unzu-
länglichkeiten wir uns bereits oben auseinandergesetzt haben.

Die Hoffnung, dass Ausgründungen aus der Forschung hier in großem Umfang helfen werden, ist auch deswegen wenig real, weil viele
Gründer nicht aus Hochschulen kommen, sondern von der Straße.
Ausgründungen aus Universitäten und Forschungsinstituten führen
überdies oft zu neuen Konkurrenzsituationen. Das bedeutet in der Realität, dass derjenige, der einen *Spin-off* wagt, plötzlich als Konkurrent
angesehen wird und von den Etablierten aus den Netzwerken heraus-
genommen wird (es sei denn, er beteiligt alle finanziell, aber dann
geht ihm schnell das Geld aus); denn inhaltlich entwickeln sich die

Ausgründungen ja genau auf demselben Terrain wie die Forschung zuvor.

Zusätzliche Mittel für die Entwicklung der Technologietransfer-Infrastruktur sind aus meiner Sicht der falsche Weg. Das wäre letztlich nur die Fortsetzung der – gescheiterten – Förderlogik mit anderen Mitteln. Diese würden in der Regel wirkungslos versickern. Das Ergebnis wäre, dass die wohlgenährten, aber letztlich zu langsamen institutionellen Forschungsstrukturen zusätzliche Mittel erhielten, um sich in einer neuen Paraworld auszutoben.

Wenn es öffentliche Hilfe für Technologietransfer gibt, dann sollte diese hochindividualisiert erfolgen. Sie darf nicht die *hidden*-Agenda verfolgen, die Gründer in die existierenden Strukturen eingemeinden zu wollen; denn es besteht die reelle Gefahr, dass dies mit der Intention geschieht, den Gründern ihren Enthusiasmus, ihre Ideen und ihren Spirit abzusaugen, um sie anschließend wieder allein zu lassen. Viele in diesem Milieu leben von den Ideen anderer, das gilt gleichermaßen für Universitäten, Forschungseinrichtungen und Konzerne. Das ganze boomende Geschäft mit Akzelerator-Modellen ist auf dieser Grundlage aufgebaut. Das geht soweit, dass sich die Industrie-Akzeleratoren z.T. gegenseitig erstaunliche Summen bezahlen, um Zugang zu den Start-ups zu erhalten – eine alternative Form von Menschenhandel; davon wissen die Start-ups selbst natürlich nichts. Solche Stellen neutral zu besetzen, so, dass sie tatsächlich die Interessen und Geheimnisse der Innovatoren schützen, ist in der Praxis außerordentlich schwierig. Es eignen sich noch am ehesten neutrale *Coworking Spaces*, die mit ihrer Reputation ihre Existenz riskieren würden, wenn sie die Start-ups verraten würden. Ansonsten ist es aus Sicht des Gründers oft besser, gar keine Hilfe in Anspruch zu nehmen.

Regelmäßig findet im Rahmen des Berliner media:net eine Veranstaltung statt, die man politisches Frühstück nennt. In den großen Berliner Rechtsanwaltskanzleien wird der Tisch im größten Meeting-Raum mit einem exquisiten Frühstück gedeckt. Zu Gast ist stets ein wichtiger Politiker, der sich den Fragen der Berliner Medienszene stellt. Unlängst war ein Staatssekretär aus dem Bundeswirtschaftsministerium zu Gast. Er erklärte, dass die Kreativwirtschaft für ihn einer der besonders wichtigen Bereiche sei. Aber zu ihrer Unterstützung kämen für ihn nur ordnungspolitische Maßnahmen in Betracht. Die Kreativwirtschaft finanziell zu unterstützen sei keine gute Idee. Auf meine Frage hin, ob der Politik bewusst sei, dass die Digitalisierung der Medienindustrie als Blaupause für die Digitalisierung der gesamten Wirtschaft angesehen werden könnte, antwortete er mit einem schlichten „Ja". Weitere Ausführungen ersparte er sich.

Das ist kein Einzelfall. Es scheint in Mode zu sein, die Kreativwirtschaft und auch die digitale Wirtschaft nur unter ordnungspolitischen Gesichtspunkten anzusehen. Dabei ist die Kreativwirtschaft gerade in Berlin ein echter Jobmotor. Diese Branche stellt in der Hauptstadt knapp 190.000 Arbeitsplätze[8] und damit fast doppelt so viel wie die Industrie, die nur knapp 100.000[9] stellt. Berlin ist an dieser Stelle vielleicht etwas anders gelagert als der bundesdeutsche Durchschnitt.

Der Rückzug auf die Ordnungspolitik im Bereich der Kreativ- und Digitalwirtschaft hat viel mit der Innovationsschwäche in Deutschland zu tun. Sie ist nicht nur Ausdruck einer fehlgeleiteten Technikfokussierung. Leider sind in Deutschland viele Menschen der Ansicht, dass Start-ups nur dann erfolgreich sein können, wenn sie ab Tag eins am Markt prosperieren. Ich halte das für grundfalsch.

Die Tatsache, dass wir zwar bereit sind, in der Wirtschaftskrise eine Abwrackprämie für die Autoindustrie auf den Tisch zu legen, aber fast keinen Cent für die Gründer unserer Republik bereithalten – außer vielleicht für Clusterförderung oder Zusammenarbeit mit großen Unternehmen –, ist ein großes Problem. Die Lösung ist sicher nicht einfach, aber sich nur auf die Ordnungspolitik zu verlassen, führt in die Irre.

Interessant ist vor allem, ob es einen Zusammenhang zwischen der Innovationsschwäche in Deutschland und der fehlenden Förderung von Start-ups und Innovation gibt. Ich halte das für sehr plausibel. Aber das wird von niemandem öffentlich gesagt, es scheint ein Tabu zu sein. Es scheint so zu sein, dass diejenigen, die über die Fördermittel entscheiden können, Angst haben, dass die Start-ups von heute die großen Unternehmen von morgen sind und die jetzigen „Steak holder", besser gesagt Stakeholder, möglicherweise verdrängen könnten. Das können wir nur mit einer gezielten und klugen Förderpolitik. Wenn wir unsere Zukunft sichern wollen, dann müssen wir aufhören, unsere Start-ups abzuwürgen.

Es mag nun sein, dass Sie, lieber Leser, nach der Lektüre der letzten Kapitel verunsichert sind und öffentliche Förderung grundsätzlich für falsch halten. Und richtig, man kann mit staatlichen Mitteln bestimmte Mechanismen wahrscheinlich nicht aufbrechen. Ein Freund sagte zu mir einmal: „Dann gibt man den Gründern vielleicht ein paar hunderttausend Euro, aber was dann? Sie fahren erst mal in Urlaub, weil sie so lange keinen Urlaub hatten, dann fällt ihnen etwas Neues ein, und bis sie das implementiert haben, ist das Geld weg. Kunden haben sie immer noch nicht, Technologie haben sie immer noch nicht."

Zunächst einmal gilt: Wir haben gar keine andere Wahl als KMU direkt zu fördern. Dieses *hit driven business* kennt eben viel mehr Verlierer als Gewinner. Die weniger erfolgreichen Projekte geraten sehr schnell unter Druck, denn auch hier sind die Fixkosten hoch und nicht immer amortisiert. Und dies geschieht häufig völlig unabhängig davon, ob die Projekte qualitativ wertig sind.

Häufig liegen die Erfolgsfaktoren völlig außerhalb des Einflusses der Gründer und haben mit Plattformen oder inhaltlichen Trends zu tun. Wir kennen das schon, das ist das *the winner takes it all*-Phänomen. Die Gründer und Unternehmer, die auch das *nobody knows*-Phänomen beachten müssen, sind dem Zufall ausgeliefert. Dagegen wendet Peter Thiel ein: *„you are not a lottery ticket"*[10] und argumentiert, dass man eben nicht nur Glück brauche, sondern nur alles richtig machen müsse. Es besteht eben ein Unterschied darin, alles richtig zu machen oder das Richtige zu machen - schöne graue Theorie.

Öffentliche Förderung ist nichts Schlechtes. Wenn sie richtig angewendet wird, können durch sie marktimmanente Rückkopplungsschleifen durchbrochen werden, die durch das private Investmentsystem entstehen. Investoren unterstützen grundsätzlich Projekte, die ihnen ein Stück weit erfolgreich erscheinen, und das entscheiden sie auf der Grundlage von schon existierenden ähnlichen Fällen. Völlig neue Ideen fallen damit durch das Raster.

Fassen wir die Ergebnisse zusammen:

- Nicht alles ist schlecht im Förderdschungel, manchmal trifft es zufällig den Richtigen.

- Kollaborative Forschung mit außeruniversitären und universitären Partnern ist problematisch.

- Bei steuerlicher Forschungsförderung kommt es auf das Kleingedruckte an.

- Reine Ordnungspolitik ist nicht ausreichend.

START-UP-SUPPORT

Vor über einem Jahr kontaktierte mich ein deutscher Start-up-Unternehmer. Der Mann hatte bereits in New York zwei Unternehmen gegründet und seine Anteile verkauft und wollte jetzt in seiner Heimat weitermachen. Er hatte eine interessante Idee aus dem Bereich *internet of things* und wollte diese mit neuen Überlegungen verknüpfen. Dabei stand im Mittelpunkt die Frage, was passiert, wenn wir dank Spracherkennung mit Maschinen nur noch verbal kommunizieren und die visuelle Orientierung im Display in den Hintergrund tritt. Diese interessanten Überlegungen führten zu einem konkreten Unternehmensprojekt, eine reine Software-Lösung, die man im Wesentlichen als Internet-Start-up bezeichnen kann. Der Gründer hatte bereits konkrete Schritte eingeleitet. Er kontaktierte mich und fragte, welche Förderungen für ihn in Betracht kämen.

Ich erklärte ihm, dass er sich für das Exist-Programm nicht qualifiziere, weil er zu lange im Ausland gelebt habe. Und sein Studium lag schon Jahre zurück. Weiterhin musste ich ihm mitteilen, dass andere Förderungen wie High-Tech Gründerfonds oder ZIM nur technisch-haptische Projekte unterstützen würden und keine Software- oder Internetprojekte – außer in einem speziellen Softwarebereich, wenn zum Beispiel eine neue Computersprache entwickelt würde. Ich erklärte ihm weiter, dass es einige Förderungen gebe, mit denen er *pari passu* zusammen mit einem Investor vom Staat Geld bekommen könne, aber nur dann, wenn der Staat dieselben Anteile an seinem Unternehmen erhielte wie der Investor. Dann gebe es natürlich eine ganze Reihe von Spezialförderungen, die aber aus meiner Sicht nicht auf seinen Fall zutreffen würden. Letztlich haben wir festgestellt, dass es für sein Start-up-Projekt gar keine Förderung gibt. Seine einzige Möglichkeit wäre, sich ein technisch-haptisches Zusatzmodul zu überlegen, das er dann zwar nicht weiter umsetzen würde, das ihm aber dabei helfen könnte, seine eigentliche Web-Idee umzusetzen. Tatsächlich überlegte er eine Weile, diesen Plan zu verfolgen, und eine Hardware zu entwickeln, die neben seiner Web-Lösung stehen könnte, damit er sich für Fördertöpfe qualifizieren würde. Ich habe ihm beim zweiten Gespräch davon abgeraten, damit er seinen Fokus nicht verliert.

Viele Gründer, die Förderung suchen, stellen fest, dass sie durch alle Raster fallen. Ich habe das viele Dutzend Male erlebt. Und deswegen finde ich es unredlich, wenn immer behauptet wird, in Deutschland würde ausreichend Gründerförderung zur Verfügung stehen. Dabei unterscheide ich nicht zwischen Gründern und Start-ups; ich verwende die Begriffe synonym. Es geht immer um Einzelpersonen oder Teams, die ein Unternehmen gründen. Deutschland ist das Land der Ingenieure, und es ist völlig unverständlich, warum wir immer weniger gründen. Die Wahrheit ist, dass die Unternehmer in Deutschland allein gelassen werden. Deshalb gehen die Gründerzahlen zurück. Die Wahrheit ist, dass eine Gründung eben verdammt riskant ist. Eine Start-up-Förderung würde das Risiko für den einzelnen Unternehmer absenken, und zwar auf ein erträgliches Maß. Hierbei ist auf die fragile und risikoreiche Anfangsphase besonderes Augenmerk zu legen.

Im politischen Berlin bin ich bereits auf zahlreichen Veranstaltungen gewesen, bei denen Podiumsteilnehmer oder sogar der Hauptredner die These vertreten haben, dass der Bereich der Start-up-Förderung in Deutschland schon gut ausgestattet sei. Auch der Bundesverband deutscher Startups e.V., der es eigentlich besser wissen müsste, schreibt dies in seiner Start-up-Agenda[1] und Christoph Keese zitiert den CDU-Politiker Jens Spahn: „Bei Frühphasen-Investitionen stehen wir mittlerweile recht gut da."[2] Das ist einfach falsch. Die vom BMWi aber auch anderweitig zur Verfügung gestellten Programme sind lückenhaft und zum Teil nicht zielführend. Förderprogramme kommen häufig sehr schüchtern daher, als ob man Angst hätte, jungen Leuten etwas Geld zu geben. Die weit verbreitete Vorstellung, dass der private Markt es schon richten werde, ist von Ideologie geprägt. Es genügt nicht, auf die Größe des Marktes zu verweisen, es kommt darauf an, was bei den Start-ups vor Ort ankommt. Diese Form von Marktideologie ist genauso verblendet wie die der überzeugten Kommunisten, die es zu meinen Studienzeiten noch an den Universitäten gab. Die Welt ist in Wirklichkeit viel komplizierter.

Warum ist aber der beschriebene Irrglaube so weit verbreitet – *cui bono*? Ich vermute, dass es gerade die Finanzierer der Frühphase sind, die die unrichtige Behauptung, dass es genügend Start-up-Finanzierung gäbe, gebetsmühlenhaft verbreiten. Denn diese Frühinvestoren leben davon, noch völlig allein dastehenden Start-ups vergleichsweise günstig Anteile abzunehmen. Eine Förderung der Start-ups in der Frühphase würde ihnen ihr riskantes Geschäft teurer machen, denn die Gründer hätten eine bessere Verhandlungsposition. Start-up-Förderung würde ihnen die Preise kaputtmachen. Während die konkrete Start-up-Förderung – insbesondere im Vergleich mit der „Konkurrenz" der europäischen Nachbarstaaten – außerordentlich unterentwickelt ist, gelingt es also hierzulande, den falschen Eindruck zu vermitteln, es gäbe ausreichend Gründerförderungen. Dabei wird in der Politik häufig der Fehler gemacht, Vertreter von Akzelerator-Programmen oder gar die Finanzierer selbst als Gründervertreter anzuhören.

Die Macher von morgen brauchen eigentlich vergleichsweise geringe Beträge – aber eben ein bisschen. Gerade am Anfang sollte man etwas mehr Spielraum haben und auch mal einen Fehler machen bzw. über den Tellerrand gucken können. Das lässt sich mit solchen Förderungen leicht umsetzen. Anzunehmen, dass alle Projekte, die nicht sofort Finanzierung finden, „einfach zu schlecht" seien, ist etwa die selbe Logik, die vor dem ersten Weltkrieg in Bezug auf Arbeitsrecht herrschte. Da sagte man auch, dass es keinen Arbeitnehmerschutz geben müsste, die Arbeitnehmer, die entlassen würden, seien eben einfach zu schlecht – sie sollten halt besser arbeiten, dann würden sie schon nicht entlassen werden. So auch hier: „Wir belohnen Perfektion und bestrafen Fehler."[3]

In anderen Ländern ist die Situation ganz anders. Wir sind nämlich nicht allein auf der Welt, und in anderen Industrieländern wird der

Bereich Innovation im großen Umfang gefördert. Dort werden Gründer finanziell grundausgestattet und können erst einmal arbeiten. Die Philosophie dahinter: Wenn man Gründern hilft, auf die eigenen Beine zu kommen, können sie später auch Steuern zahlen. Dieser eigentlich sehr einfache Gedanke ist in Deutschland nicht verbreitet. Selbst eine Region wie das Silicon Valley kommt nicht völlig ohne staatliche Förderung aus. Die Förderungen sind dort nur nicht so offensichtlich. Viele laufen über den Militäretat und sind geheim. Ein Freund von mir, der in Stanford in *Computer Science* promovierte, erzählte mir einmal, er hätte ein Stipendium von der CIA bekommen, ohne jemals mit irgendjemandem, der sich als zur CIA zugehörig zu erkennen gab, gesprochen zu haben.

In Deutschland werden Gründer zunächst auf das Exist-Programm[4] verwiesen. Absolventen deutscher Hochschulen bekommen als Team etwa 20.000 Euro, um innerhalb eines Jahres einen Businessplan zu entwickeln. Das BMWi bietet mit der Exist-Förderung also ein Programm an, dass die Erstellung eines Businessplans über ein Jahr im Rahmen eines bescheidenen Stipendiums fördert. Das ist zunächst sehr lobenswert. Allerdings wird die Förderung an die formale Bedingung geknüpft, dass der Antragsteller maximal zwei bzw. fünf Jahre früher ein Hochschulstudium in Deutschland abgeschlossen haben muss. Zweck dieser Regelung ist zunächst, den Kreis der Antragsteller formal zu begrenzen. Gründer, die im Ausland studiert haben, die ihr Studium abbrechen oder gar nicht erst begonnen haben, fallen durchs Raster. Zu viele Start-ups kann man nicht haben, umso mehr, umso besser.

Vermutlich steht dahinter die elitäre Vorstellung, dass deutsche Absolventen besser organisiert seien. Dabei wird wahrscheinlich davon ausgegangen, dass nur derjenige ein Unternehmen gründen kann, der ohne Weiteres von der Industrie übernommen würde, weil er hier ein Hochschulstudium abgeschlossen hat. Nach meiner persönlichen Erfahrung ist diese formale Schranke außerordentlich wirksam und hält viele potenzielle Gründer in Deutschland davon ab, einen Exist-Antrag zu stellen. Ein anderes Programm, das diese Fälle auffangen würde, fehlt, jedenfalls auf Bundesebene.

Dabei werden häufig gerade die von der Gründung abgehalten, auf die es eigentlich ankäme. Wann einem die Idee kommt, ein Unternehmen zu gründen, kann man nicht voraussehen. Oft kommen Gründern die zündenden Ideen schon während oder außerhalb des Studiums. Wegen des rasanten Fortschritts können sie aber nicht warten, bis sie ihr Studium abgeschlossen haben. Berühmte Studienabbrecher wie Mark Zuckerberg oder Bill Gates betonen zwar heute, wie wichtig Abschlüsse seien[5], ob sie aber den selben Erfolg gehabt hätten, wenn sie auf ihren formalen Abschluss gewartet hätten, ist zu bezweifeln. Denn auch für Studenten gilt, dass es zweifelhaft ist, „dass Ideen genau dann auftreten und greifen, wenn man nach ihnen sucht und sie gebraucht werden"[6]. Andere haben im Ausland studiert oder einen Studienabschluss, jedoch gewartet, bis sie sich entschieden haben, sich selbstständig zu machen. Das führt zu kuriosen Ergebnissen: So gibt es Gründer, die im Ausland studiert haben und sich wieder einschreiben, um die Exist-Förderung zu erhalten. Dazu kommt, dass für Teammitglieder ähnliche Kautelen gelten. Über den High-Tech Gründerfonds und andere Programme, wie ZIM oder KMU innovativ, haben wir im vorherigen Kapitel schon gesprochen. Sie sind auf klassische Digitalprojekte, denen es an Hardwarekomponenten mangelt, in der Regel nicht anwendbar.

Unlängst war ich zur Eröffnung eines Start-up-Centers eines großen deutschen DAX-Unternehmens in Berlin eingeladen. Das Unternehmen hat bekanntermaßen Probleme und baut deswegen in den Fertigungsanlagen in Berlin zurzeit viel Personal ab. Da das Unternehmen ursprünglich in Berlin gegründet wurde, aber nach dem Krieg nach München übergesiedelt ist, fällt ihm das nicht so leicht. Dort, so hat man sich das in München überlegt, möchte man gerne Start-ups ansiedeln. Einerseits kann man so die leeren Industriegebäude nutzen und andererseits etwas für sein Image tun. Um Kontakt mit den Start-ups zu bekommen, bezahlt man am liebsten Mittelsmänner. Die Gründer werden dann eingeladen, sich in den Räumen erst einmal niederzulassen. Geld gibt es von diesem DAX-Konzern mit Milliardengewinn allerdings nicht. Der DAX-Konzern lobt sich natürlich im großen Umfang selbst. Er glaubt, er tue Gutes, wenn er Start-ups eine kostenlose Bleibe zur Verfügung stellt. Aber er lügt sich in die Tasche. Im Kern entsteht der Eindruck, dass man sich vor allem mit Start-ups schmücken möchte. Wenn diese dann erfolgreich sind, dann wahrscheinlich nicht, weil sie in den bereitgestellten Räumlichkeiten untergekommen sind.

Es gibt noch andere Programme, die als Gründerförderung gedacht sind. Diese werden über die KfW und Landesförderbanken abgewickelt. Sie folgen ab Tag eins der Investorenlogik und stellen lediglich dann Geld zur Verfügung, wenn auch private Investoren einsteigen. Insofern werden in der Regel Förderungen gewährt, die *pari passu* dieselben Bedingungen akzeptieren, wie sie Privatinvestoren stellen. Das Problem dieser Art der Förderungen ist, dass eine innovationsorientierte, risikofreudigere Herangehensweise, die jenseits existierender Modelle neue Wege wagt, gerade nicht unterstützt wird. Henry Ford wird zugeschrieben: „Wenn man die Leute gefragt hätte, was eine richtige Innovation zur Fortbewegung ist, hätten sie gesagt: schnellere Pferde."[7] Das gilt selbstverständlich auch für Investoren. Ihnen ist nicht zu verdenken, dass sie sicherheitsorientiert agieren und sich an existierenden Modellen orientieren. Förderungen, die sich *pari passu* an Privatinvestitionen beteiligen, fallen daher in der Regel ebenfalls für echte Innovationen aus. Und diese Unternehmen sind noch stärker auf Investoren angewiesen. Die heilsame Wirkung von Investoren wird hier nicht in Abrede gestellt. In Europa schütten Investoren jedoch in der Regel das Kind mit dem Bade aus – die Bedingungen sind deutlich schärfer als im angelsächsischen Umfeld: Die Kapitalgeber fordern größere Mitspracherechte und Anteile.

Im Übrigen widerspricht die Investorenlogik dem deutschen Traditionsprinzip, dass Innovatoren in der Regel ein Unternehmen gründen,

um es zu betreiben und möglichst als Familienunternehmen weiter-
zuführen. Die Investorenlogik zwingt Gründer dagegen, *serial entre-
preneur* zu werden. Denn Investoren beteiligen sich in der Regel an
Unternehmen, um die Anteile später gewinnbringend zu verkaufen.
Das bedeutet, dass sich Gründer, die sich auf Wagniskapital einlassen,
davon ausgehen müssen, dass sie früher oder später ihr Unternehmen
verkaufen werden. Für einige Unternehmer ist es kein Problem, diese
Exit-Strategie gleich mitzudenken. Aber eben nicht für alle. Gerade in
Deutschland ist die Unternehmenskultur etwas anders: Die erfolgreichsten deutschen Unternehmen sind Unternehmen, bei denen die
Anteile vollständig in der Hand des Gründers liegen und die Grün-
derfamilie noch über Generationen davon profitieren kann. Wir sind
ein Land der Familienunternehmen. Vielen ist die Vorstellung, dass
bereits bei der Unternehmensgründung Anteile an Kapitalgeber gegeben werden, also der Exit ab Stunde null mitgeplant wird, fremd.
Das ist der eigentliche Grund, warum Wagniskapital in Europa so wenig angenommen wird. Es wird wahrscheinlich wenig bringen, diese
Kultur ändern zu wollen, und sie hat viele Vorteile.

Genauso falsch ist die Vorstellung, dass es nur mehr Wagniskapital
brauche, um Gründungen zu fördern. Anstatt Kapitalgebern indirekte
Steuerleistungen zur Verfügung zu stellen, sollte man den Gründern
lieber direkt helfen. Das ist allemal billiger, effizienter und strukturell
sinnvoller, weil die Gründer mit diesen Mitteln freier arbeiten können
und nicht sofort Anteile abgeben müssen. Und es ist ehrlicher, als
ständig das hohle Lied vom fehlenden Wagniskapital zu singen.
Wichtig wäre eine Gründungsförderpolitik, die echte Gründungsrisi-
ken in der ersten Phase ernst nimmt und dort ansetzt. In der Tat stellt
sich die Frage, ob es nicht Aufgabe des Staates sein könnte, in der ersten Gründungsphase die Risiken zumindest teilweise zu übernehmen, sofern das Konzept des Start-ups schlüssig und vielverspre-
chend erscheinen. Die heutige Förderlandschaft orientiert sich nicht
an diesen Grundsätzen.

Trotzdem fordert z.B. der deutsche Startup-Verband vor allem steuerliche Anreize für Investoren und Business Angels[8]. Ich kann mir das

eigentlich nur so erklären, dass in der Mitgliedschaft des Verbandes die Business Angels und Frühfinanzierer so einflussreich sind, dass die eigentlichen Start-up-Unternehmer – viele von ihnen werden finanziert sein – das Lied der Investoren singen. Dass diese Gruppe gegen direkte Start-up-Unterstützung ist, haben wir oben schon gesehen, denn diese würde den Frühfinanzierern die Preise kaputtmachen.

Gründung bedeutet zunächst einmal die sogenannte erste Wachstumsphase. Der Weg vom Küchentisch ins eigene Büro, die Anschaffung erster Rechner und Möbel, die Bedienung der Vorschussanforderungen des Finanzamtes. Verkaufen, Entwickeln, Lernen, Einstellen – alles auf einmal. Gründung bedeutet an sich und seinen Plan zu glauben, Hindernisse aus dem Weg zu räumen. Für all das braucht man Geld, nicht viel, aber wenn man es nicht hat, dann muss man es sich von anderen holen, von Lieferanten, Mitarbeitern, Geldgebern; und die wollen dann alle mitreden. Gerade jetzt ist das Geld sehr viel wert.

Entscheidend ist, dass Gründer effektiv und unmittelbar unterstützt werden, und zwar in einem Ausmaß, das es ihnen ermöglicht, ihre Unternehmensidee auf die Strecke zu bringen. Wenn nur jedes zehnte Unternehmen, das in Deutschland gegründet wird, wirklich erfolgreich wird, ist das für den Staat insgesamt schon ein großes Plus. Diese neue Gründerwelle müssen wir also direkt fördern. Wir müssen erreichen, dass noch mehr Gründer nach Deutschland kommen, um ein solches Gründerprogramm in Anspruch zu nehmen und um hier weitere Unternehmen zu gründen und Arbeitsplätze zu schaffen.

Also müssen wir ein Modell entwickeln, mit dem wir Unternehmer, die Firmen gründen, und Unternehmer, die bereits Firmen gegründet haben und bereit sind, neue riskante Projekte anzugehen, direkt, nachhaltig und unkompliziert unterstützen. Allen, die dieses Modell adressiert, muss ganz klar sein, dass die Unterstützung zwar endlich ist, sie sie aber ohne größere Hürden überwinden zu müssen erhalten können. Zwar kann man nicht damit rechnen, dass alle geförderten

Gründer erfolgreich werden. Trotzdem sollte der Einfluss der Politik auf die Evaluation der Projekte und auf die Evaluation des Programms insgesamt begrenzt sein. Wir müssen versuchen, die Dinge so transparent wie möglich zu machen. Dann können wir innovative Projekte zum Erfolg führen.

Sicherlich sind öffentliche Subventionen nicht immer heilsbringend. Thomas Jarzombek, ein CDU-MdB, der sich mit diesen Fragen viel beschäftigt hat, sagt immer wieder, dass er bezweifle, dass etwas Sinnvolles herauskommen würde, wenn sich der Staat in junge Unternehmen einmischen würde. Sicherlich ist Vorsicht geboten. Davon habe ich hinreichend berichtet. Deswegen müssen wir eine Neuausrichtung der Innovationsförderung klug anstellen. Trotzdem: Geld ist nicht alles, aber ohne Geld ist alles nichts. Wir müssen endlich ein Fördersystem an den Start bringen, das seinen Namen verdient. Das heißt konkret: Es müssen Strategien entwickelt werden, die dafür sorgen, dass die Fördermittel wirklich bei den kleinen und mittleren Unternehmen ankommen.

Deshalb darf es nicht nur um die zweite Wachstumsphase gehen. Aber natürlich ist diese ebenfalls wichtig. Hier geht es darum, dass Unternehmen, die bereits eine gewisse Größe erlangt haben, massenmarkttauglich werden. Die besondere Massenmarkt-Orientierung erzwingt eine Umstellung innerhalb der Unternehmen vom erfolgreichen Start-up zu einem größeren Unternehmen. Dieser zweite Schritt ist ebenfalls wichtig und ihn gehen zu wenige. Allerdings sind hier direkte Fördermodelle seitens des Staates nicht immer sinnvoll. Für die zweite Wachstumsphase eignet sich die Zusammenarbeit mit der Finanzindustrie viel eher.

Denn wir brauchen Investoren, der Staat kann und soll nicht alles alleine leisten. Allerdings werden die Investoren ab der zweiten Finanzierungsrunde zu ganz anderen Bedingungen eintreten, denn die Gründer treten ihnen etwas weniger mit „hängender Zunge" gegenüber – die andere Seite derselben Medaille, wenn die Frühfinanzierer davon sprechen, dass Start-up-Förderung ihnen die Preise verderben würde. Nach meinen Erfahrungen wirken sich solche Förderungen vor allem auf das Selbstbewusstsein der Gründer und Unternehmer aus. Sie erlauben es ihnen nämlich, auf Augenhöhe mit anderen Akteuren aufzutreten, „das Kreuz durchzudrücken". Junge Unternehmer verbringen nach meiner Erfahrung die meiste Zeit damit, die ersten paar hunderttausend Euro zusammenzubekommen. Aller Anfang ist schwer. Das hat nicht nur wirtschaftliche Konsequenzen: Häufig leiden unter mangelnder Finanzierung Projekte, die dann nicht oder nur sehr verspätet und reduziert umgesetzt werden können. Dabei sollten sich die Gründer auf ihr Produkt oder ihre Dienstleistung konzentrieren können – einfach mal irgendwo anfangen und auch Fehler machen dürfen. Unternehmer müssen Kunden haben, sie müssen Produkte haben, und sie müssen ein Team haben, das an sich und das Projekt glaubt. Im Idealfall wäre die Beschaffung von Fördermitteln lediglich ein kleiner Teil ihrer Arbeit.

Natürlich müssen wir aufpassen, dass wir die richtigen Gründer aussuchen und Betrüger keine großen Beträge an sich reißen können und dann nichts damit anstellen. Was wir nicht brauchen, sind professionelle Förder-Junkies, aber wir brauchen auch keine weiteren Inkubator-Häuser, in denen mittellose Start-up-Unternehmer animiert werden. Wenn weiterhin Verbundprojekte gefördert werden, sollte eine Quotenregelung einen Anteil für KMU vorgeben. Keine Unterstützung sollten Konstruktionen finden, bei denen große Konzerne eine Vermittlerrolle einnehmen und die „KMU unterstützen". Denn dabei handelt es sich um eine verdeckte Gatekeeper-Tätigkeit (ähnlich wie bei vielen Akzelerator-Programmen).

In vielen anderen Ländern werden Innovationen und Start-ups systematisch unterstützt. Darüber, wie das vonstattengeht, gibt es allerdings zu wenig systematisiertes Wissen. Aus verschiedenen Gründen – in manchen Fällen auch, weil die Förderungen gegen WTO-Regeln verstoßen – haben die Staaten kaum Interesse, hier mit offenen Karten zu spielen. Andere Länder, wie zum Beispiel Finnland, haben eine sehr transparente Förderpolitik, und trotzdem interessieren wir uns zu wenig für diese Beispiele. Gerade Finnland, dass in vielerlei Hinsicht der natürliche Verbündete von Deutschland wäre, wird aus meiner Sicht viel zu wenig rezipiert. Auch Kanada ist an dieser Stelle sehr erfolgreich. Ich finde, wir sollten von diesen Ländern lernen, und wir sollten besser werden.

Wie man ein niederschwelliges Angebot für Einsteiger konzipieren sollte, möchte ich sehr konkret aufzeigen. Ich würde folgendes Programm vorschlagen:

- Der Bund stellt Innovationsförderung in Höhe von 200.000 € zur Verfügung, zum Beispiel 1.000 x pro Jahr (Fördervolumen also 200 Millionen).

- Diese Mittel werden schlank über eine Webseite ohne persönliches Treffen beantragt. Die Angaben zum Programm auf der Webseite sind komplett selbsterklärend. In den Anträgen erklärt der Antragsteller, dass er die Förderkriterien erfüllt. Anträge werden ständig entgegengenommen.

- Die Anträge werden nach bestimmten *key performance indicators* (KPI's) evaluiert und gereiht und am Ende jeder Woche werden etwa 20 Anträge bewilligt. Es wird ein erweiterter Innovationsbegriff zu Grunde gelegt. Der Bund bewilligt nach eigenem Ermessen die Förderung, wenn das Projekt innovativ ist und einen seriösen Eindruck macht. Es gibt allerdings keinerlei Vorauswahl durch regionale oder branchenbezogene Beratungs- bzw. Filterstellen.

- Mit der Evaluation werden neue marktorientierte Projektträger beauftragt. Jeder kann sich bewerben. Die Evaluation erfolgt innerhalb von vier Wochen. 50 Prozent der Fördersumme werden sofort ausgezahlt.

- Das Dossier wird dann an die zuständige Innovationsagentur der Bundesländer übergeben. Diese nimmt Kontakt mit dem Unternehmen vor Ort auf, überprüft die Angaben und den Projektfortschritt (das muss ggf. zusätzlich im Rahmen des

Förderprogramms vergütet werden). Der Bund zahlt die zweite Hälfte der Förderung aus, wenn die regionale Innovationsagentur die Einhaltung der formalen Angaben und die Erreichung des geförderten Projektfortschritts bestätigt.

- Jedes Unternehmen darf eine solche Förderung nur zweimal erhalten.

Was wären die Vorteile eines solchen Programms? Es wäre eigenständig und würde neu aufgesetzt, und das heißt, dass die Mitarbeiter evaluiert und nicht aus dem allgemeinen Pool der existierenden Strukturen beigezogen werden würden. Die Gründer haben über die Webseite außerdem ganz niedrigschwellig die Möglichkeit, die Förderung zu beantragen. Einige Nachweise, wie zum Beispiel eine Meldebescheinigung oder eine Kopie des Personalausweises, könnte man unproblematisch hochladen. Da es keinerlei Beratung gibt, haben alle die gleichen Möglichkeiten und niemand hat den Eindruck, dass er in besonderer Weise privilegiert ist oder diskriminiert wird. Es werden sich relativ schnell selbstständige Beratungsstrukturen bilden.

In den Anträgen müssten nicht nur die Personalien aufgenommen, sondern auch das konkrete Projekt beschrieben werden. Dabei sollte die Zeichenanzahl beschränkt sein. Es sollten verschiedene Fragen gestellt werden, die sich im Wesentlichen an den Aufbau eines Businessplans anlehnen. Darüber hinaus sollten Zahlen abgefragt werden: Wie viele Mitarbeiter und wie viel Zeit wird das Projekt zur Umsetzung brauchen? Ebenso sollte eine Markt- und Konkurrenzanalyse enthalten sein sowie Informationen über die Aufstellung des Teams. Es könnte zudem die Möglichkeit gegeben werden, andere Mittel der Vorstellung, etwa einen kleinen Film, über die Webseite einzureichen.

Ich schlage vor, für die Umsetzung dieser neuen Förderung eine neue Agentur zu gründen. Für die Evaluation sollten innerhalb der Agentur Arbeitsgruppen gebildet werden. Zwei bis drei Evaluatoren mit unterschiedlichen Hintergründen sollten mit dem Projekt befasst werden. Innerhalb der Agentur gibt es dann eine Rangliste bzw. Reihung der Projekte – vermutlich auf der Basis von zu vergebenden Punkten.

An die auf der Rangliste vermerkten Projekte werden die Fördersummen in regelmäßigen Zeitabständen (z.B. wöchentlich oder monatlich) ausgeschüttet. Vorteil einer Verortung dieser Förderstrukturen auf Bundesebene ist, dass insgesamt ein besserer Überblick über die Qualitätsstandards gewonnen werden könnte, als wenn eine Verankerung auf Landesebene erfolgen würde.[9]

Landesförderung kann immer nur so gut sein, wie die Besten in dem jeweiligen Bundesland. Eine Bundesförderung hat eine größere Anzahl von potenziellen Antragstellern im Blick und deswegen einen anderen Qualitätshorizont. Die sofortige Auszahlung der Hälfte der Förderung ist kein zu hohes Risiko, viele Förderungsempfänger werden das Geld tatsächlich nutzen, um ihre Projekte zu entwickeln. Es ist nicht auszuschließen, dass es ein paar schwarze Schafe gibt, die das Geld in der ersten Rate nehmen und das Projekt dann nicht weiterverfolgen. Betrügerischem Vorgehen muss man natürlich Einhalt gebieten. Ich halte aber das Risiko, dass tatsächlich Mittel versickern, für relativ gering, insbesondere wenn man es mit dem Aufwand perfekter Kontrolle in Beziehung setzt. Und wie ich oben ausgeführt habe, gibt es ja auch bei großen Projekten jede Menge Betrugsmöglichkeiten.

Die Einbindung der Landes-Innovationsagenturen in die zweite Auszahlungsphase ist deshalb sinnvoll, weil so ein regionaler Ansprechpartner etabliert werden kann. Dieser regionale Ansprechpartner hätte zunächst einmal die Aufgabe, die Start-up-Firma aufzusuchen und sich zu vergewissern, dass die Angaben, die gemacht wurden, stimmen, und dass der angegebene Planungshorizont im Großen und Ganzen eingehalten und umgesetzt wurde. Dabei sollten die Landesagenturen natürlich einen gewissen Spielraum haben, Abweichungen zu tolerieren, weil es offensichtlich ist, dass sich innovative Projekte im Laufe der Entwicklung anders als vorgesehen entwickeln können. Zugleich könnten die Landesagenturen alle neuen Unternehmen in die existierenden Netzwerke einbinden, sie dadurch regional vernetzen. Die Auszahlung der zweiten Hälfte der Fördersumme sollte davon abhängig gemacht werden, dass die eingangs gemachten Angaben zutreffend waren und die Planung eingehalten wurde. Die

Landesagentur sollte mit einer Pauschale für diese Überprüfungs-
und Betreuungsleistung seitens des Bundesprojekts vergütet werden.

Jenseits dessen müssen wir mehr strategisch arbeiten. Hier sollten wir
– neben den Start-ups – auch weitere Akteure einbinden. Bekannt sind
die sehr erfolgreichen Beispiele eines *„plan oriented market economy system"*[10] in Japan. Allerdings habe ich Zweifel, dass wir diese Herangehensweise heute in Deutschland umsetzten könnten. Hierzulande
sind solche Überlegungen ohnehin eher verpönt. Und in der Tat besteht das Risiko, dass sich nur die „üblichen Verdächtigen" finden
und alles beim Alten bleibt. Die Verantwortung des Staates wird nicht
geringer, nur weil er geringe Handlungsmöglichkeiten hat. Den Wandel jetzt zusammen mit Wirtschaft und Zivilgesellschaft in einer offenen europäischen Wirtschaftsstruktur zu gestalten, wird die wohl
wichtigste Aufgabe des Staates in den nächsten Jahren sein.

Fassen wir die Ergebnisse zusammen:

- Die Start-up-Förderungen sind entgegen der landläufigen
  Meinung lückenhaft und greifen häufig nicht.

- Wir brauchen ein eigenständiges Start-up-Förderprogramm
  mit einem Jahresvolumen von etwa zweihundert Millionen
  Euro, das ausschließlich den Gründern zugutekommt.

ROSA ELEFANT

Als ich Anfang der 1990er-Jahre mit dem Studium anfing, verließ ich das behütete Starnberg und zog nach Bonn. In Bonn lebte ich in einem mittelgroßen Miethaus meines Onkels, der mir ein Zimmer im fünften Obergeschoss unter dem Dach zur Verfügung stellte. Früher hatten hier Hausmädchen gewohnt. An den Wochenenden half ich ihm dafür in seiner Fernsehproduktionsfirma. Unter der Woche studierte ich Rechtswissenschaft und engagierte mich in der Hochschulpolitik. Das Haus stand völlig leer, denn mein Onkel wollte es unvermietet verkaufen. Viele Jahre später hat er das dann auch getan. Es war in einem sehr schlechten Zustand. Es gab auf halber Treppe eine Toilette und auf dem obersten Treppenabsatz eine Campingdusche mit einem Heizstrahler. Ich wärmte meine kleine Dachwohnung mit einem eisernen Kohlenofen. Für mich war das alles neu und ein großes Abenteuer.

Mein einziger Hausmitbewohner war auf der ersten Etage Thomas Schamoni. Dieser abgebrannte Filmregisseur – etwas älter als meine Eltern – lebte dort, ebenfalls geduldet von meinem Onkel, ohne Miete zu zahlen. Im Falle des Hausverkaufs wäre er sofort ausgezogen. Er lebte im Wesentlichen vom Mundraub – er fand es unpassend, Sozialhilfe zu beantragen. Thomas war ein sehr eindrucksvoller Mensch, der mich sehr geprägt hat – in vielen Gesprächen über den deutschen Film und seine Bemühungen, den deutschen Film wieder aufleben zu lassen. So bin ich überhaupt in die Medienpolitik gekommen. Damals spielte das, was wir heute Neue Medien nennen, auch noch keine nennenswerte Rolle. Thomas sagte zu mir immer, dass die Probleme des deutschen Films in der Kritik liegen würden: „Sie ist in Deutschland immer sehr absolut. Entweder sind die Filme furchtbar oder sie sind grandios. Der Deutsche kann nicht differenziert beurteilen. Es fällt ihm schwer, zu erkennen, dass ein Film gute und schlechte Seiten haben kann."

Ich habe wieder an diese Sätze denken müssen, als ich die Kapitel dieses Buches für die Abfassung des letzten Kapitels noch einmal durchgesehen habe. Vielleicht bin ich auch ein Stück dieser deutschen Krankheit erlegen. Vielleicht sind die Fragen, die ich aufgeworfen habe, in Wirklichkeit noch viel differenzierter zu beantworten. Vielleicht ist es nicht schwarz und nicht weiß, vielleicht ist alles grau. Vielleicht bemühen sich viele in Deutschland jeden Tag, ein bisschen mehr für Innovation zu tun. Aber: Wir müssen schneller werden, und wir müssen uns mit den Fragen, die wir hier aufgeworfen haben, in der einen oder anderen Weise beschäftigen. Genügt das dann, oder müssen wir radikalere Antworten suchen?

Einige werden vielleicht einwenden: „In welchem Land lebst du denn? Uns geht es doch ganz hervorragend." Und da ist sicher etwas Wahres dran. Deutschland schlägt sich gut in der Globalisierung. Wir sind Exportweltmeister, haben einen ausgeglichenen Haushalt und in den letzten Jahren auch die Budgets für Forschung und Entwicklung massiv erhöht. Und dennoch können wir die Zukunft nicht vorhersagen. Nassim Taleb bestreitet, dass man aufgrund der Vergangenheit die Zukunft prognostizieren kann: „Im Wissen, das durch Beobachtung gewonnen wurde, sind immer Fallen eingebaut.

Wir wollen uns einen Truthahn vorstellen, der jeden Tag gefüttert wird. Jede einzelne Fütterung wird die Überzeugung des Vogels stärken, dass es die Grundregel des Lebens ist, jeden Tag von freundlichen Mitgliedern der menschlichen Rasse gefüttert zu werden, die dabei ‚nur sein Wohl im Auge haben', wie ein Politiker sagen würde. Am Nachmittag des Mittwochs vor dem Erntedank wird dem Truthahn dann etwas Unerwartetes widerfahren, und er wird seine Überzeugung revidieren müssen. (...) Was kann ein Truthahn aus den Ereignissen von gestern über das lernen, was der nächste Tag im Bringen wird? Eine ganze Menge, vielleicht, aber mit Sicherheit weniger, als er glaubt, und gerade dieses ‚bisschen weniger' kann entscheidend sein."[1]

Ein Truthahn vor und nach dem Erntedankfest.

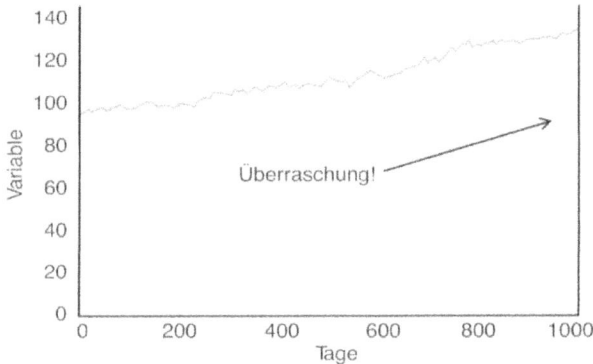

1001 Tage Geschichte.

Die Geschichte eines Prozesses im Laufe von 1000 Tagen sagt uns nichts darüber, was als Nächstes passieren wird. Diese naive Projektion der Zukunft auf Grundlage der Vergangenheit lässt sich auf alles anwenden.

Quelle: Taleb, Nassim N. (2015): Der schwarze Schwan. Die Macht höchst unwahrscheinlicher Ereignisse. Albrecht Knaus Verlag.

Wenn wir also das Wohlbefinden, den *happiness factor,* von Truthähnen in der Mastzeit untersuchen würden, würden wir wohl feststellen: Sie werden bis zur Schlachtung immer glücklicher. Ihre Selbstwahrnehmung ist unmittelbar vor *thanksgiving* hervorragend. Und dann werden sie alle geschlachtet. Die Selbstwahrnehmung hält auf der Zeitachse dem Realitätscheck nicht immer stand.

Wir müssen aufpassen, dass wir uns nicht auf unseren Leistungen ausruhen. Und wir müssen wachsam sein, dass unsere Erfolge der Vergangenheit nicht unseren Blick verstellen auf die Veränderungen unserer Welt. Wenn wir uns damit bescheiden, dass wir heute erfolgreich sind, in der letzten Phase der analogen Welt, dann heißt das nicht, dass wir nach der Digitalisierung als Erste durchs Ziel gehen werden – auch nicht, wenn wir mehr arbeiten oder effizienter sind als andere. Gerade, weil wir ein gut funktionierendes System haben, ist es umso schwieriger, das System zu verändern. Die Digitalisierung insgesamt als vertikale und nicht als horizontale Revolution zu begreifen, fällt uns allen schwer.

Zu Beginn dieses Buches haben wir gesehen, dass es mehrere Innovationsbegriffe gibt und dass wir uns überlegen müssen, in welchem Kontext wir den Innovationsbegriff anwenden. Dabei bin ich der Meinung, dass Innovation nicht nur die Fortsetzung von Forschung ist. Sie kann auch nicht nur aus technischen Elementen bestehen, sondern ist offener und kann das Geschäftsmodell und das Design mit einbeziehen. Wir unterscheiden im Übrigen zwischen vertikaler und horizontaler Innovation. Wir haben auch gesehen, dass Innovatoren eher ungewöhnliche Menschen sind, die nicht unbedingt in der Mitte der Gesellschaft stehen. Ihnen zu vertrauen, fällt nicht allen leicht. Toleranz ist hier sehr wichtig.

Die Digitalisierung der Medienwirtschaft kann zu einem gewissen Grad als Blaupause für die Digitalisierung der ganzen Wirtschaft angesehen werden. Dabei können wir wichtige Phänomene übertragen, wie *the winner takes it all* oder *nobody knows*. Vor allem aber kann man feststellen, dass Größe zu mehr Größe führt und sich selbst verstärkt und dass deswegen die Risiken für die einzelnen Hersteller besonders groß sind. Das gilt in besonderem Maße am Beginn einer Wertschöpfungskette.

Die digitale Revolution besteht aus zwei Revolutionen, nämlich die Online-Revolution und die mobile Revolution. Beide sind unterschiedlich, und ihre Bewältigung erfordert unterschiedliche Fähigkeiten und Business-Modelle. Während Europa von der Online-Revolution eher profitierte, haben wir mit der mobilen Revolution wieder erheblich an Einfluss verloren, denn der direkte Zugang zum Endkonsumenten hat sich für uns verringert.

In Bezug auf Unternehmer haben wir gesehen, dass es gar nicht leicht ist, in Deutschland Unternehmer zu sein, denn die Gesellschaft lässt einen weitgehend allein. Das gilt einerseits für den Staat und die Finanzierung, aber es gilt eben auch für unseren gesellschaftlichen Umgang mit Unternehmern und Gründern. Wir leben unter einer großen Koalition der Arbeitsplatzbesitzer.

Netzwerke kann man auch in einen größeren Zusammenhang stellen. Der Ausbau von Breitbandnetzen kann nur der Prolog der Innovationspolitik sein und nicht ihr eigentlicher Inhalt. Netzneutralität sollte unantastbar sein.

Der Anfangsnutzer ist für uns die entscheidende Zielgröße; daran sollten wir uns ausrichten. Deswegen würde der Rückzug auf das reine *b2b*-Geschäft Selbstaufgabe bedeuten. Wenn wir Regulierung neu ausrichten, dann darf das nicht dazu führen, dass die Errungenschaften des Internets eingeschränkt werden.

Auch bei der Regulierung des geistigen Eigentums sollten wir die Besonderheiten und Errungenschaft des Internets nicht gefährden. Die Vorstellung, dass Innovationen durch die Stärkung des geistigen Eigentums gefördert werden, ist genauso falsch wie die Vorstellung, dass die Schwächung des geistigen Eigentums Innovationen stärkt. Es gibt keine Korrelation zwischen dem Schutz von geistigem Eigentum und Innovation. Softwarepatente sind abzulehnen.

Wir haben gesehen, dass unser Innovationssystem die Tendenz hat, den Aufstieg neuer Unternehmen ab einem gewissen Punkt zu blockieren. Dabei müssen im digitalen Zeitalter neue Unternehmen nicht nur mit Netzwerken und Clustern, sondern auch finanziell unterstützt werden. Insgesamt muss das Innovationssystem durchlässiger werden.

Die Forschung orientiert sich am Staatsmarkt und hat eine Paraworld errichtet. Dabei funktioniert die Zusammenarbeit zwischen Forschung und Wirtschaft kaum, auch weil Forschung zu wenig über tatsächliche Ergebnisse evaluiert wird. KMU werden zu wenig und auch nicht direkt unterstützt. Andererseits ist nicht alles schlecht im Förderdschungel. Weder außeruniversitäre noch universitäre Forschung sollte man jedoch überschätzen; im digitalen Raum kommt Innovation häufig von der Straße. Bei steuerlicher Forschungsförderung kommt es auf das Kleingedruckte an. Der Rückzug auf reine Ordnungspolitik ist keine Lösung.

In Deutschland sind Start-up-Förderungen entgegen der landläufigen Meinung lückenhaft und greifen häufig nicht. Daher brauchen wir ein neues, robustes, eigenständiges Start-up-Förderprogramm des Bundes, im Volumen etwa zweihundert Millionen Euro pro Jahr, das ausschließlich Gründern zugutekommt.

Unser aller Fernseh-Philosoph, Richard David Precht, forderte unlängst im Fernsehen Utopien. Utopien, so argumentierte er, seien uns in dieser schwierigen Zeit abhandengekommen. Es gebe keinen Plan mehr. Dieses Buch kann diesen Mangel nicht beheben. Ich habe, und das wird mir erst nach und nach bewusst, wahrscheinlich mehr Fragen aufgeworfen, als dass ich Lösungen anbiete. Nun – das ist wohl der Unterschied zwischen einem politischen Interessenvertreter, der ich früher war, und einem Professor, der ich heute bin. Während der Interessenvertreter Antworten auf Fragen findet, die gar nicht gestellt wurden, muss der Professor zunächst nur Fragen stellen, die er manchmal beantworten kann. Das ist allerdings nicht unbedingt einfacher, denn es müssen die richtigen Fragen gestellt werden.

Ob ich dazu einen Beitrag leisten konnte, das sollen die Leser entscheiden. Auf jeden Fall möchte ich dieses Buch nicht abschließen, ohne auch ein wenig über Lösungsmöglichkeiten nachzudenken. Denn wenn sich in diesem Buch schon keine eindeutigen Lösungen finden lassen, so erlauben die widersprüchlichen Signale es vielleicht, Mosaiksteine einer Lösung zu identifizieren.

Meine Vision wäre eine Situation wie die im vierten Quartal des 19. Jahrhunderts. Eine echte Aufbruchsstimmung in Deutschland, in der die vielen kleinen Initiativen ernst genommen werden und zu großen anwachsen. Diese Entwicklung wurde durch viele Faktoren ausgelöst, unter anderem eine gesellschaftliche und rechtliche Liberalisierung –

insbesondere die Gewerbefreiheit –, andererseits aber auch durch technischen Fortschritt – die Industrialisierung.

Wir brauchen wieder eine echte Gründerwelle. Wir brauchen eine Zeit, in der es sich in Deutschland lohnt und schick ist, zu gründen und zu wachsen. Die Gründer von heute sollen nicht die Ausbeuter von morgen werden, aber die gegenwärtige Situation macht es den Gründern schwer, all ihre Energie auf die richtige Gestaltung ihres Projektes zu verwenden. Wir brauchen ein Klima, im dem es belohnt wird, Neues zu wagen. Das bedeutet auch, dass die staatliche Förderung nur ein Initial sein kann und eine Welle privaten Engagements auslösen muss. Nicht jeder kann Unternehmer werden, aber neue Unternehmen können nur entstehen, wenn genügend Freiraum für etwas Neues besteht.

Das hat viel mit Selbstbewusstsein zu tun, mit einem Glauben an sich und seine Ideen. Heute sind wir ein freies und sehr liberales Land. Es ist nun schon einige Jahre her, dass hier eine konservativ-liberale Bundesregierung mit einer Frau aus Ostdeutschland an der Spitze, mit einem offen homosexuellen Außenminister, einem vietnamesisch-stämmigen Wirtschaftsminister und Vizekanzler und einem Finanzminister im Rollstuhl regierte. In meiner Kindheit wäre das undenkbar gewesen. Heute sind wir noch weiter gekommen: Das Parlament hat die Ehe für Alle beschlossen und die Bundesumweltministerin kündigte an, nun ihre Frau heiraten zu wollen.[2] 25 Jahre nach der deutschen Wiedervereinigung müssen Gründer dieses Land nicht mehr verlassen, weil sie anderswo freier leben und denken können, AfD hin oder her.

Aber wir müssen den neuen Unternehmen Zeit und Raum geben – und Geld. Geld ist nicht alles, aber ohne Geld ist alles nichts. Vor allem müssen wir uns so verändern, dass neue Unternehmen entstehen und wachsen können, bis dahin, dass – bildlich gesprochen – jedes Jahr ein neues Unternehmen in den DAX aufgenommen werden kann. Diese Unternehmen müssen eine neue, eigene Position in unserem Wirtschafts- und Innovationssystem bekommen. Der Einfluss der Politik auf diese Prozesse ist in der Tat begrenzt, und der Ruf nach dem Staat kann auch fehlgehen. Aber die Politik darf nicht die Beharrungstendenzen verstärken, indem sie Konzerne der Vergangenheit künstlich am Leben erhält und damit den Platz für Neues verstellt. Deshalb brauchen wir wirklich eine neue Deutschland AG, keine alte Deutschland AG mit neuem Anstrich.

Und wir müssen viel mehr darüber lernen, wie diese Strategien in anderen Ländern greifen. Sinnvoll wäre es wahrscheinlich, das Wissen über Förderstrategien noch stärker zu systematisieren. Die Entwicklung eines *Think Tanks* zur Identifizierung zukunftsträchtiger Ideen ist sehr erfolgreich in Ostasien praktiziert worden. Die großen Gewinner der letzten Innovationsrunde – Japan, Taiwan und Südkorea – haben alle solche Einrichtungen. Die Einrichtung eines derartigen Instituts wäre sehr sinnvoll. Allerdings müsste es vor dem politischen Einfluss der Lobbys von Konzernen, außeruniversitären Einrichtungen, Universitäten und anderen indirekt Begünstigten bewahrt werden. Gelingt das nicht, könnte es besser sein, das Ansinnen gleich zu lassen.

Ich möchte dieses Buch als Diskussionsbeitrag verstanden wissen, als Aufschlag – wie ich in der Einleitung geschrieben habe – zu einem Match. Sicher, Politik ist nicht einfach geradlinig und gerade in großen Parteien müssen mehrere widerstreitende Interessen zu ihrem Recht kommen. Aber wir haben nicht mehr viel Zeit. Unser Land steht jetzt noch gut da, wenn es uns jetzt aber nicht gelingt, die Weichen für die Zukunft zu stellen, dann kann es zu spät sein. Dann können wir vielleicht in einigen Jahrzehnten feststellen, dass wir in dieser Phase hätten besser, klarsichtiger sein und auf die Veränderungen in der Welt konsequenter hätten antworten müssen.

Mir geht es vor allem um Deutschland. Mein Eindruck ist, dass vielen nicht klar ist, wie kritisch die Situation ist. Wenn es uns nicht gelingt, eine eigene Dynamik zu entfachen, dann werden wir es in der nächsten Phase umso schwerer haben. Ideal wäre, wenn wir in einer digitalen Utopie erreichen könnten, dass sich mehr junge Menschen frei entscheiden, ihr eigenes Projekt zu realisieren. Von der Gesellschaft müssten sie die Anerkennung, Unterstützung und den notwendigen Freiraum dafür bekommen. Die Unternehmer können sich dann um ihre Anfangsnutzer und ihr Produkt (in dieser Reihenfolge) kümmern und sich der schwierigen Entwicklung ihres Projekts und gegebenenfalls des Aufbaus ihrer Firma widmen. Wenn wir eine solches innovationsfreundliches Klima schaffen können, dann sind wir alle gut beraten und brauchen uns keine Sorgen um die Zukunft der Deutschland AG zu machen. Wir haben gute Leute mit großem Potenzial. Davon bin ich überzeugt.

Wir müssen die Digitalisierung als strukturellen Wandel begreifen, der nicht nur eine Mode ist. Die Karten werden neu gemischt. Das Spiel startet neu. Es kommt möglicherweise in der Zukunft weniger darauf an, dass man früher aufsteht. Vielmehr wird wahrscheinlich der Ausgeschlafenere das Rennen machen. Strategisches Wissen und der Wille zum Erfolg sind wichtige Bausteine. Eigentlich haben wir in Deutschland die besten Voraussetzungen. Wir vertrauen uns, wir haben enormes Engagement und gute Strukturen. Wir dürfen aber keine Angst vor Veränderungen haben und müssen Freiräume bieten; dann stehen wir uns nicht selbst im Wege.

Das ist das letzte Kapitel dieses Buches. Es hat Spaß gemacht, dieses Buch zu schreiben, und ich hoffe, einiges, was mich umtreibt, ist deutlich geworden. Vor einigen Jahren hat sich meine Frau von mir einen rosa Elefanten zum Geburtstag gewünscht. „Den stelle ich bei mir im Büro auf, um daran erinnert zu werden, dass es einen rosa Elefanten im Raum gibt", sagte sie zu mir. Sie arbeitet in der Gesundheitsverwaltung. In der Forschungs- und Innovationspolitik gibt es auch rosa Elefanten. Der rosa Elefant steht dafür, dass wir alle über Digitalisierung und KMU reden und alle möglichen Anstrengungen unternehmen, um diese zu unterstützen – aber bei ihnen kommt nichts an. Ich habe versucht, mit diesem Buch auf diese Problematik hinzuweisen.

Hoffen wir, dass dieses Buch und damit die hier aufgeworfenen Fragen Beachtung finden. Ich hoffe, dass die Diskussion um die Förde-

rung von Start-ups in Deutschland mit Schärfe und Sachverstand wei-
tergeht, denn es geht um handfeste Interessen – und um Macht. Vor
allem aber geht es um unser aller Zukunft. Die notwendigen Verbesserungen auf den Weg zu bringen wird keine leichte Aufgabe sein.
Dennoch müssen wir sie angehen.

DANKSAGUNGEN

Die Erstellung dieses Buches wäre nicht möglich gewesen ohne die engagierte Mitarbeit einiger Personen, denen ich hiermit danken möchte. Für die Durchsicht des Manuskripts und die vielen Anregungen danke ich zuallererst Harald Hesse, aber auch Bernd Moewes und meiner Frau Dr. Susanne Armbruster. Ich danke auch Martin Armbruster für die Reinzeichnung der Abbildungen und Bodo und Caroline für die moralische Unterstützung. Ich danke Andreas Gebhard für die Gelegenheit, die Thesen dieses Buches auf der re:publica 2017 vorstellen zu können, und Michael Jadischke für die Beratung bei der Umschlaggestaltung. Ich möchte auch meinem persönlichen Mitarbeiter Ralf Grebenstein danken, der mir in vielerlei Hinsicht den Rücken freigehalten hat. Ich danke auch dem Hotel Radium Palace in Jáchymov, in dem ein großer Teil dieses Buches entstanden ist. Der bbw Hochschule danke ich für die Rücksichtnahme in der Zeit der Fertigstellung des Manuskripts. Besonders möchte ich dem Team des *ibidem*-Verlag danken, der sofort zugesagt hat, das Buch herauszubringen, und mich auch im Lektorats-Prozess und darüber hinaus sehr gut unterstützt hat.

Die Verantwortung für den Inhalt dieses Buches übernehme ich allein. Für Anregungen und Kritik bin ich unter mb(at)malte-behrmann.de erreichbar.

Ich widme dieses Buch meinem Vater Jörn Behrmann (1935-2016) in Dankbarkeit.

Berlin, im Juli 2017

Malte Behrmann
www.malte-behrmann.de

ANMERKUNGEN

Standardeinstellung

1 Vgl. KfW Research (2016): KfW-Gründungsmonitor 2016. Arbeitsmarkt trübt Gründungslust deutlich – Innovative Gründer behaupten sich. S. 3.

2 Bolten, Jürgen (2007): Einführung in die interkulturelle Wirtschaftskommunikation. Stuttgart: S. 46.

Innovationen

1 Vgl. Isaacson, Walter/Jobs, Steve (2011): Steve Jobs. New York: S. 4.

2 Vgl. Florida, Richard (2014): The Rise of the Creative Class. New York.

3 Vgl. Thiel, Peter A./Masters, Blake (2014): Zero to One: Notes on Startups, or How to Build the Future. New York: S. 127.

4 Zillner, Sonja/Krusche, Bernhard (2012): Systemisches Innovationsmanagement. Grundlagen – Strategien – Instrumente. Stuttgart: S. 28.

5 Vgl. Thiel, a.a.O., S. 9.

6 Zillner/Krusche, a.a.O., S. 10.

7 Vgl. Knetch, Jack L. (1989): The Endowment Effect and Evidence of Nonreversible Indifference Curves, in: The American Economic Review, vol. 79, no. 5: S. 1277, 1278.

8 Taylor, J. (2005): Unweaving the rainbow: research, innovation and risk in a creative economy. Discussion Paper. Arts and Humanities Research Council, London: S. 10.

9 Vgl. Mühl-Benninghaus, Wolfgang (2004): Vom Augusterlebnis zur UFA-Gründung: Der deutsche Film im 1. Weltkrieg. Berlin: S. 22.

10 Unity ist eine Standardtechnologie (wenn auch nicht die einzige), die zur Erstellung von interaktiven Spielen im Netz und mobil genutzt wird (www.unity.com).

Blaupause

1 Vgl. Renner, Tim (2004): Kinder, der Tod ist gar nicht so schlimm! Über die Zukunft der Musik- und Medienindustrie. Frankfurt: S. 128ff.

2 Vgl. Beyer, Andrea/Carl, Petra (2012): Einführung in die Medienökonomie. Konstanz: S. 11ff.

3 Vgl. Caves, Richard E. (2000): Creative Industries: Contracts Between Art and Commerce. Cambridge (MA): S. 2ff.

4 Vgl. Kiefer, Marie Luise (2005): Medienökonomik. München: S. 154ff.

5 Kiefer, a.a.O., S. 142.

6 Vgl. Caves, a.a.O., S. 3.

7 Vgl. Benjamin, Walter (1966): Das Kunstwerk im Zeitalter seiner technischen Reproduzierbarkeit. Frankfurt: S. 1ff.

8 Vgl. Deutscher Bundestag (2007): Wertvolle Computerspiele fördern, Medienkompetenz stärken. Drucksache 16/7116 vom 14.11.2007.

9 Vgl. Beck, Hanno (2002/2011): Medienökonomie. Heidelberg: S. 10; Rimscha, Björn von/Siegert, Gabriele: Medienökonomie. Eine problemorientierte Einführung. Wiesbaden 2015: S. 26.

10 Vgl. Beyer/Carl, a.a.O., S. 15; Kiefer, a.a.O., S. 168ff.
11 Box Office Mojo (2017): The Live of Others.
12 Vgl. SuperData Research (2017): Year in Review 2016. New York; App Annie (2017): 2016 Retrospective. Research and Analysis. San Francisco: S. 27.
13 Vgl. Zerdick, Axel et al. (1999): Die Internet-Ökonomie: Strategien für die digitale Wirtschaft. Berlin: S. 156.
14 Vgl. Gaitanides, Michael (2001): Ökonomie des Spielfilms. München: S. 49ff.
15 Sogenannte „Nichtrivialität im Konsum", vgl. Beck, a.a.O., S. 10.
16 Vgl. Thiel, a.a.O., S. 24.

Revolutionen

1 Vgl. Talleyrand-Périgord, Charles Maurice de (2012): La Confession de Talleyrand. V. 1-5 Mémoires du Prince de Talleyrand. Hamburg.
2 So der Titel des Bestsellers von Manfred Spitzer.
3 Wi, Jong H. (2009): Innovation and Strategy of Online Games. London: S. 7.
4 Renner, a.a.O.
5 Schröder, Gerhard (2013): Rede an der Führungsakademie der Bundeswehr in Hamburg vom 4.3.2013.

Unternehmer

1 Name geändert.
2 Wenn man den Stuttgarter Kessel kennt, ist das Kabarett, insbesondere, wenn man *valley* ohne stimmhaftes „V" ausspricht.

Netzwerke

1 Brüggmann, Mathias (2017): Backing Volkswagen from Quatar. Handelsblatt online vom 27. Februar 2017.
2 Daimler AG (2017): Supervisory Board of Daimler AG to propose Managing Director of Kuwait Investment Authority for election at Annual Shareholders' Meeting. Pressemitteilung vom 10. Februar 2017.
3 Musso, Pierre (1997): Télécommunications et philosopie de reseaux. Paris: S. 46.
4 Musso, a.a.O., S. 49.
5 Vgl. Gießmann, Sebastian (2016): Die Verbundenheit der Dinge. Eine Kulturgeschichte der Netze und Netzwerke. Berlin.
6 Keese, Christoph (2016): Silicon Germany. Wie wir die digitale Transformation schaffen. München: S. 88.
7 Kabel Deutschland ist ein Unternehmen, das – so das Gerücht – über Mittelsmänner von dem weltgrößten Kabel-Fernsehanbieter Unity Media kontrolliert wird.
8 eco – Verband der deutschen Internetwirtschaft e.V. (2014): Fragenkatalog für das öffentliche Fachgespräch zum Thema „Netzneutralität – Konsequenzen aus dem Telekommunikationspaket der EU".
9 Beckedahl, Markus (2015): Günther Oettinger: Netzneutralität tötet, Befürworter sind Taliban-artig.
10 Beckedahl, Markus (2017): Ablehnung bei „StreamOn" der Telekom: Streaming ist nicht gleich Streaming.

11 Keese, a.a.O., S. 259.
12 Rudl, Thomas: EU-Parlament beschließt umstrittene Netzneutralitätsregeln.

Anfangsnutzer

1   Czycholl, Harald (2014): Die „German Angst" steckt tief in unseren Genen, Die Welt vom 29.09.2014.
2   Vgl. z.B. Pine, Joseph III/Gilmore, James H. (1999): The Experience Economy, Boston: S. 2,11; zitiert nach Florida, a.a.O., S. 135.
3   Keese, a.a.O., S. 96.
4   Vgl. Pein, Vivian (2015): Der Social Media Manager. Das Handbuch für Ausbildung und Beruf. Bonn: S. 148ff.
5   Habermas, Jürgen (1962): Strukturwandel der Öffentlichkeit. Neuwied: S. 263.

Geistiges Eigentum

1   Handke, Christian et al. (2015): Fördert das Urheberrecht Innovation? Eine empirische Untersuchung. Berlin.
2   Vgl. grundlegend BVerfG, 15.07.1981 – 1 BvL 77/78 – Naßauskiesung.
3   BGH, Urteil v. 26.6.2003, Az. I ZR 176/01 – Kinderquatsch mit Michael.
4   Vgl. Wikipedia (2017a): Eintrag: Freie-Software-Bewegung.
5   Handke et al., a.a.O., S. 4.
6   Vgl. Reichert, Kolja (2009): "Downloaden muss legal werden". Interview mit Volker Grassmuck. Der Tagesspiegel vom 17.4.2009.
7   Vgl. Barger, Melvyn D. (2001): How Henry Ford Zapped a Licensing Monopoly.
8   Vgl. The Learning Network (2012): May 15, 1911. Supreme Court Orders Standard Oil to Be Broken Up.
9   Vgl. Economide, Nicolas (2001): The Microsoft Antitrust Case.
10 Schulzki-Haddouti, Christiane (2013): Softwarepatente. Unkalkulierbare Risiken für Softwareentwickler.

Innovationssystem

1   Wikipedia (2017b): Eintrag: Rheinischer Kapitalismus.
2   Die 30 Dax-Unternehmen und ihre Gründungsdaten:

Unternehmen	Gründung
Daimler	28.06.1926
Allianz	05.02.1890
Siemens	01.10.1847
Bayer	01.08.1863
BASF	06.04.1865
Hoechst	02.01.1863
Deutsche Bank	10.03.1870
VEBA (Eon)	08.03.1929
VIAG (Eon)	07.03.1923

Eon	
Lufthansa	06.01.1926
Kaufhof	1879
Bayerische Vereinsbank	01.07.1869
Nixdorf	01.07.1952
Karstadt	14.05.1881
Mannesmann	16.07.1890
Linde	21.06.1879
Degussa	28.01.1873
RWE	25.04.1898
Volkswagen	28.05.1937
BMW	07.03.1916
Dresdner Bank	12.11.1872
Bayerische Hypobank	15.10.1835
Commerzbank	26.02.1870
ThyssenKrupp	29.09.1891
Schering	1871
MAN	1898
Feldmühle Nobel	27.08.1885
Henkel	26.09.1876
Continental	08.10.1871
Deutsche Babcock	01.10.1898
SAP	01.04.1972
Deutsche Telekom (Reichspost)	
Münchener Rückversicherung	19.04.1880
Deutsche Post (Reichspost)	01.01.1909
Adidas	1920
Fresenius	1912
Fresenius Medical Care	
Deutsche Börse AG	1585
HeidelbergCement	1874
Merck	1668
Infineon (Siemens)	
Beiersdorf	28.03.1882
K+S	03.10.1889

Lanxess (Beyer)

ProSiebenSat1 02.10.2000

Vonovia 2001

3 Vgl. Schirrmacher, Frank (2004): Das Methusalem-Komplott. Die Menschheit altert in unvorstellbarem Ausmaß. Wir müssen das Problem unseres eigenen Alterns lösen, um das Problem der Welt zu lösen. München: S. 13ff.

4 Vgl. Sinn, Gerlinde/Sinn, Hans-Werner (1993): Kaltstart. Volkswirtschaftliche Aspekte der deutschen Vereinigung. München: S. 81.

5 Vgl. Umweltbundesamt (2017): Erneuerbare Energien in Zahlen.

6 Vgl. Fell, Hans-Josef (2017): Das wahre Bild der deutschen Energiewende.

7 Name geändert.

8 Vgl. Keese, a.a.O., S. 45.

9 Vgl. Thiel, a.a.O., S. 43.

10 Vgl. Kultur- und Kreativpiloten. Unter: http://kultur-kreativpiloten.de/. Zugriff 14.7.2017.

11 Florida, a.a.O., S. 81ff.

12 Vgl. dazu kritisch: Rifkin, Jeremy (2014): The Zero Marginal Cost Society. The Internet of Things, the Collaborative Commons, and the Eclipse of Capitalism. New York: S. 275ff.

13 Florida, a.a.O., S. 231ff.

Paraworld

1 Vgl. Montefiore, Simon (2012): Katharina die Große und Fürst Potemkin. Frankfurt: S. 23 und 507ff.

2 Vgl. Wikipedia (2017c): Eintrag: Potemkinsches Dorf.

3 Vgl. ebd.

4 Vgl. ebd.

5 Vgl. Keese, a.a.O., S. 15ff.

6 Vgl. Boberach, Michael/Wolf, Malte (2013): TNS Infratest. Zukunftspfade Digitales Deutschland 2020, im Auftrag des BMI (IT Planungsrat). Berlin: S. 42ff.

7 Kaufmann, Stefan (2014): Rede im Deutschen Bundestag vom 4. Dezember 2014. Protokoll. S. 6884.

8 Vgl. Ende, Michael (1995): Jim Knopf und Lukas der Lokomotivführer. München.

9 Florida, a.a.O., S. 17.

10 Whyte, William H. (1956): The Organization Man. New York: S. 208.

11 Nowotny, Helga (2006): Cultures of Technology and the Quest for Innovation. New York: S. 6. (Übersetzung des Verfassers)

12 Vgl. Wikipedia (2017d): Eintrag: Karl-Heinz Brandenburg

13 Vgl. Deutsches Forschungszentrum für Künstliche Intelligenz. Unter: www.dfki.de/web. Zugriff 4.7.2017.

14 Whyte, a.a.O., S. 219.

15 Name geändert.

16 Vgl. TIGA. Unter: http://tiga.org/. Zugriff 11.7.2017.

Förderungen

1   Vgl. Whyte, a.a.O., S. 230ff.
2   Vgl. Kennedy, John F. (1962): Rice Stadium Moon Speech.
3   Vgl. Zentrales Innovationsprogramm Mittelstand. Unter: www.zim-bmwi.de/. Zugriff 7.7.2017.
4   Vgl. High-Tech Gründerfonds. Unter: https://high-tech-gruenderfonds.de/en/ #financing-info. Zugriff 7.7.2017.
5   Vgl. OECD (2005): Oslo Manual. Guidelines for Collecting and Interpreting Innovation Data.
6   OECD, a.a.O., S. 9f.
7   Vgl. Technopolis Group (2016): Ökonomische und verwaltungstechnische Grundlagen einer möglichen öffentlichen Förderung von nichttechnischen Innovationen.
8   Vgl. Senatsverwaltung für Wirtschaft, Technologie und Forschung (2014): Dritter Kreativwirtschaftsbericht. Entwicklung und Potenziale.
9   Aussage von Björn Böhning, Chef der Berliner Senatskanzlei, im persönlichen Gespräch unter Berufung auf das statistische Landesamt Berlin.
10 Thiel, a.a.O., S. 47.

Start-up-Support

1   Vgl. Bundesverband Deutsche Startups e.V. (2017): Deutsche Startup Agenda. S. 9.
2   Keese, a.a.O., S. 278.
3   ebd., S. 62.
4   Vgl. Das EXIST-Gründerstipendium. Unter: http://www.exist.de/DE/Programm /Exist-Gruenderstipendium/inhalt.htm. Zugriff 8.7.2017.
5   The Conversation (2017): Gates, Zuckerberg and the Myth of the College Dropout.
6   Zillner, a.a.O., S. 10.
7   Vgl. Müller-Kirschbaum, Thomas et al. (2009): Der Kunde als Innovationsmotor bei Henkel, in: Marketing Review St. Gallen, 2-2009, S. 25.
8   Vgl. Bundesverband Deutsche Startups e.V., a.a.O., S. 8.
9   Vgl. Behrmann, Malte (2008): Filmförderung im Zentral- und Bundesstaat. Berlin: S. 274.
10 Johnson, Chalmers (1982): MITI and the Japanese Miracle: The Growth of Industrial Policy, 1925-1975. Stanford: S. 10.

Rosa Elefant

1   Taleb, Nassim Nicholas (2008/2011): Der schwarze Schwan. München: S. 61f (unter Berufung auf Russel, der für das Beispiel ein Huhn benutzte).
2   Vgl. o. A. (2017): Ministerin Hendricks will ihrer Partnerin einen Antrag machen. Spiegel Online vom 30.6.2017.

LITERATUR

Beck, Hanno (2002/2011): Medienökonomie. Heidelberg.

Behrmann, Malte (2008): Filmförderung im Zentral- und Bundesstaat. Berlin.

Benjamin, Walter (1966): Das Kunstwerk im Zeitalter seiner technischen Reproduzierbarkeit. Frankfurt.

Beyer, Andrea/Carl, Petra (2012): Einführung in die Medienökonomie. Konstanz.

BGH, Urteil v. 26.6.2003, Az. I ZR 176/01 – Kinderquatsch mit Michael.

Boberach, Michael/Wolf, Malte (2013): TNS Infratest. Zukunftspfade Digitales Deutschland 2020, im Auftrag des BMI (IT Planungsrat). Berlin.

Bolten, Jürgen (2007): Einführung in die interkulturelle Wirtschaftskommunikation. Stuttgart.

BVerfG, 15.07.1981 – 1 BvL 77/78 – Naßauskiesung.

Caves, Richard E. (2000): Creative Industries: Contracts Between Art and Commerce. Cambridge (MA).

Deutscher Bundestag (2007): Wertvolle Computerspiele fördern, Medienkompetenz stärken. Drucksache 16/7116 vom 14.11.2007.

Ende, Michael (1995): Jim Knopf und Lukas der Lokomotivführer. München.

Gaitanides, Michael (2001): Ökonomie des Spielfilms. München.

Gießmann, Sebastian (2016): Die Verbundenheit der Dinge. Eine Kulturgeschichte der Netze und Netzwerke. Berlin.

Habermas, Jürgen (1962): Strukturwandel der Öffentlichkeit. Neuwied.

Kaufmann, Stefan (2014): Rede im Deutschen Bundestag vom 4. Dezember 2014. Protokoll.

Keese, Christoph (2016): Silicon Germany. Wie wir die digitale Transformation schaffen. München.

Kiefer, Marie Luise (2005): Medienökonomik. München.

Knetch, Jack L. (1989): The Endowment Effect and Evidence of Nonreversible Indifference Curves, in: The American Economic Review, vol. 79, no. 5.

Isaacson, Walter/Jobs, Steve (2011): Steve Jobs. New York.

Johnson, Chalmers (1982): MITI and the Japanese Miracle: The Growth of Industrial Policy, 1925-1975. Stanford.

Florida, Richard (2014): The Rise of the Creative Class.

Montefiore, Simon (2012): Katharina die Große und Fürst Potemkin. Frankfurt.

Mühl-Benninghaus, Wolfgang (2004): Vom Augusterlebnis zur UFA-Gründung: Der deutsche Film im 1. Weltkrieg. Berlin.

Müller-Kirschbaum, Thomas/Wuhrmann, Juan Carlos/Burkhart, Tina (2009): Der Kunde als Innovationsmotor bei Henkel, in: Marketing Review St. Gallen, 2-2009, S. 25.

Musso, Pierre (1997): Télécommunications et philosopie de reseaux. Paris.

Nowotny, Helga (2006): Cultures of Technology and the Quest for Innovation. New York.

Pein, Vivian (2015): Der Social Media Manager. Das Handbuch für Ausbildung und Beruf. Bonn.

Renner, Tim (2004): Kinder, der Tod ist gar nicht so schlimm! Über die Zukunft der Musik- und Medienindustrie. Frankfurt.

Rifkin, Jeremy (2014): The Zero Marginal Cost Society. The Internet of Things, the Collaborative Commons, and the Eclipse of Capitalism. New York.

Rimscha, Björn von/Siegert, Gabriele: Medienökonomie. Eine problemorientierte Einführung. Wiesbaden 2015.

Schirrmacher, Frank (2004): Das Methusalem-Komplott. Die Menschheit altert in unvorstellbarem Ausmaß. Wir müssen das Problem unseres eigenen Alterns lösen, um das Problem der Welt zu lösen. München.

Sinn, Gerlinde/Sinn, Hans-Werner (1993): Kaltstart. Volkswirtschaftliche Aspekte der deutschen Vereinigung. München.

SuperData Research (2017): Year in Review 2016. New York.

Taleb, Nassim Nicholas (2008/2011): Der schwarze Schwan. München.

Taylor, J. (2005): Unweaving the rainbow: research, innovation and risk in a creative economy. Discussion Paper. Arts and Humanities Research Council, London.

Thiel, Peter A./Masters, Blake (2014): Zero to One: Notes on Startups, or How to Build the Future. New York.

Whyte, William H. (1956): The Organization Man. New York.

Wi, Jong H. (2009): Innovation and Strategy of Online Games. London.

Zerdick, Axel et al. (1999): Die Internet-Ökonomie: Strategien für die digitale Wirtschaft. Berlin.

Zillner, Sonja/Krusche, Bernhard (2012): Systemisches Innovationsmanagement. Grundlagen – Strategien – Instrumente. Stuttgart.

Internetquellen

App Annie (2017): 2016 Retrospective. Research and Analysis. San Francisco. Unter: http://go.appannie.com/app-annie-2016-retrospective. Zugriff 29.7.2017.

Barger, Melvyn D. (2001): How Henry Ford Zapped a Licensing Monopoly. Unter: https://fee.org/articles/how-henry-ford-zapped-a-licensing-mo nopoly/. Zugriff 27.6.2017.

Beckedahl, Markus (2015): Günther Oettinger: Netzneutralität tötet, Befür- worter sind Taliban-artig. Unter: https://netzpolitik.org/2015/guenther -oettinger-netzneutralitaet-toetet-befuerworter-sind-taliban-artig/. Zu- griff: 25.7.2017.

Beckedahl, Markus (2017): Ablehnung bei „StreamOn" der Telekom: Streaming ist nicht gleich Streaming. Unter: https://netzpolitik.org/2017 /ablehnung-bei-streamon-der-telekom-streaming-ist-nicht-gleich-strea ming/. Zugriff 10.7.2017.

Bundesverband Deutsche Startups e.V. (2017): Deutsche Startup Agenda. S. 9. Unter: https://deutschestartups.org/fileadmin/Bundesverband_Deutsc he_Startups/themen/Politik/Deutsche_Startup_Agenda_2017.pdf. Zu- griff 7.7.2017.

Box Office Mojo (2017): The Live of Others. Unter: www.boxofficemojo.com/ movies/?id=livesofothers.htm, Zugriff 17.6.2017.

Brüggmann, Mathias (2017): Backing Volkswagen from Quatar. Handelsblatt online vom 27. Februar 2017. Unter: https://global.handelsblatt.com/ companies-markets/backing-volkswagen-from-qatar-714601. Zugriff 20.6.2017.

Czycholl, Harald (2014): Die „German Angst" steckt tief in unseren Genen, Die Welt vom 29.09.2014. Unter: https://www.welt.de/wissenschaft/art icle132728527/Die-German-Angst-steckt-tief-in-unseren-Genen.html. Zugriff 27.6.2016.

Daimler AG (2017): Supervisory Board of Daimler AG to propose Managing Director of Kuwait Investment Authority for election at Annual Share- holders' Meeting. Pressemitteilung vom 10. Februar 2017. Unter: http://media.daimler.com/marsMediaSite/en/instance/ko/Superviso ry-Board-of-Daimler-AG-to-propose-Managing-Director-of-Kuwait-Inve stment-Authority-for-election-at-Annual-Shareholders-Meeting.xhtml?o id=15553454. Zugriff 20.6.2017.

eco – Verband der deutschen Internetwirtschaft e.V. (2014): Fragenkatalog für das öffentliche Fachgespräch zum Thema „Netzneutralität – Konsequenzen aus dem Telekommunikationspaket der EU". Unter: https://www.ec o.de/wp-content/blogs.dir/20140530-fragenkatalog-netzneutralitaet-ec o1.pdf. Zugriff 10.7.2017.

Economide, Nicolas (2001): The Microsoft Antitrust Case. Unter: www.st ern.nyu.edu/networks/Microsoft_Antitrust.final.pdf. Zugriff 27.6.2017.

Fell, Hans-Josef (2017): Das wahre Bild der deutschen Energiewende. Unter: www.pv-magazine.de/2017/03/22/das-wahre-bild-der-deutschen-ener giewende/. Zugriff 3.7.2017.

Handke, Christian/Girard, Yann/Mattes, Anselm (2015): Fördert das Urheberrecht Innovation? Eine empirische Untersuchung. Berlin. Unter: http://www.e-fi.de/fileadmin/Innovationsstudien_2015/StuDIS_16_20 15.pdf. Zugriff 27.6.2017.

Kennedy, John F. (1962): Rice Stadium Moon Speech. Unter: https://er.jsc.na sa.gov/seh/ricetalk.htm. Zugriff 7.7.2017.

KfW Research (2016): KfW-Gründungsmonitor 2016. Arbeitsmarkt trübt Gründungslust deutlich – Innovative Gründer behaupten sich. Unter: https://www.kfw.de/PDF/Download-Center/Konzernthemen/Resear ch/PDF-Dokumente-Gr%C3%BCndungsmonitor/Gr%C3%BCndungsm onitor-2016.pdf. Zugriff 24.07.2017.

o. A. (2017): Ministerin Hendricks will ihrer Partnerin einen Antrag machen. Spiegel Online vom 30.6.2017. Unter: http://www.spiegel.de/politik/ deutschland/barbara-hendricks-will-ihrer-partnerin-einen-heiratsantrag -machen-a-1155289.html. Zugriff 7.7.2017.

OECD (2005): Oslo Manual. Guidelines for Collecting and Interpreting Innovation Data. Unter: http://www.oecd-ilibrary.org/science-and-technol ogy/oslo-manual_9789264013100-en. Zugriff 25.7.2017.

Reichert, Kolja (2009): "Downloaden muss legal werden". Interview mit Volker Grassmuck. Der Tagesspiegel vom 17.4.2009. Unter: www.tagesspie gel.de/kultur/internet-downloaden-muss-legal-werden/1498314.html. Zugriff 22.6.2017.

Rudl, Thomas: EU-Parlament beschließt umstrittene Netzneutralitätsregeln. Unter: https://netzpolitik.org/2015/eu-parlament-beschliesst-umstritte ne-netzneutralitaetsregeln/. Zugriff 20.6.2017.

Senatsverwaltung für Wirtschaft, Technologie und Forschung (2014): Dritter Kreativwirtschaftsbericht. Entwicklung und Potenziale. Unter: www.berlin .de/projektzukunft/uploads/tx_news/01_KWB13_Inhalt_small_01.pdf. Zugriff 25.7.2017.

Schröder, Gerhard (2013): Rede an der Führungsakademie der Bundeswehr in Hamburg vom 4.3.2013. Unter: http://gerhard-schroeder.de/tag/frie den/page/2/. Zugriff 8.7.2017.

Schulzki-Haddouti, Christiane (2013): Softwarepatente. Unkalkulierbare Risiken für Softwareentwickler. Unter: https://www.golem.de/news/softw arepatente-unkalkulierbare-risiken-fuer-softwareentwickler-1305-99060. html. Zugriff 11.7.2017.

Technopolis Group (2016): Ökonomische und verwaltungstechnische Grundlagen einer möglichen öffentlichen Förderung von nichttechnischen Innovationen. Unter: https://www.bmwi.de/Redaktion/DE/Publikation en/Studien/studie-zu-nichttechnischen-innovationen.pdf?__blob=publi cationFile&v=2. Zugriff 25.7.2017.

The Conversation (2017): Gates, Zuckerberg and the Myth of the College Dropout. Unter: www.usnews.com/news/national-news/articles/2017-04-20/bll-gates-mark-zuckerberg-and-the-myth-of-the-college-dropout. Zugriff: 4.7.2017.

The Learning Network (2012): May 15, 1911. Supreme Court Orders Standard Oil to Be Broken Up. Unter: https://learning.blogs.nytimes.com/2012/ 05/15/may-15-1911-supreme-court-orders-standard-oil-to-be-broken-u p/. Zugriff 27.6.2017.

Umweltbundesamt (2017): Erneuerbare Energien in Zahlen. Unter: www.um weltbundesamt.de/themen/klima-energie/erneuerbare-energien/erne uerbare-energien-in-zahlen#textpart-1. Zugriff 2.7.2017.

Wikipedia (2017a): Eintrag: Freie-Software-Bewegung. Unter: https://de.wi kipedia.org/wiki/Freie-Software-Bewegung. Zugriff 11.7.2017.

Wikipedia (2017b): Eintrag: Rheinischer Kapitalismus. Unter: https://de.wi kipedia.org/wiki/Rheinischer_Kapitalismus. Zugriff 19.6.2017.

Wikipedia (2017c): Eintrag: Potemkinsches Dorf. Unter: https://de.wikipe dia.org/wiki/Potemkinsches_Dorf. Zugriff 3.7.2017.

Wikipedia (2017d): Eintrag: Karl-Heinz Brandenburg. https://de.wikipe dia.org/wiki/Karlheinz_Brandenburg. Zugriff 29.6.2017.